Henk Mochel

Milder Tod

Henk Mochel

MILDER TOD

Euthanasie –
Aufzeichnungen nach einer Fernsehsendung

CHR. KAISER VERLAG

Titel der Originalausgabe: een milde dood

Aus dem Niederländischen von Ulrich Kabitz (Kap. 1-3),
Annie und Ansgar Heuer (Kap. 4-6)

©1973 Chr. Kaiser Verlag München. ISBN 3-459-00874-1

Umschlag von Christa Manner unter Verwendung eines Fotos des Bilderdienstes des Süddeutschen Verlages, München. – Satz: Offsetdruck Ressy, München. – Druck und Bindung: Georg Wagner, Nördlingen. Printed in Germany.

INHALT

Seltsam, wie sich aus Winzigkeiten einer Formulierung eine ganze Welt von Gedanken erschließen läßt. Das wird mir aufs neue bewußt, denke ich jetzt zurück an die Wochen, die dem ersten Fernsehprogramm über Euthanasie vorausgegangen waren. Ein Amsterdamer Hausarzt sollte in der ersten Folge erzählen, wie, warum und unter welchen Umständen er Euthanasie ge...äh... Und da saß ich nun. Wie sollte ich fortfahren? Meinem Gefühl nach hing die Wahl des hier fälligen Tätigkeitswortes mit meinem Standpunkt gegenüber dieser ganzen Problematik zusammen. Verübt man Euthanasie? Führt man Euthanasie aus? Praktiziert man so etwas? Oder gibt man, spendet man Euthanasie? Hilft man durch Euthanasie?
Die Unbefangenheit aus der Zeit der Vorstudien hatte einer Unsicherheit Platz gemacht. Die Wahl einer so simplen Formulierung würde ausschlaggebend sein für meinen Standpunkt und damit auch für die Art und Weise, mit der ich diese – vor allem für die Fernsehgesellschaft – äußerst brisante Problematik präsentieren sollte. Aus dem in diesem Band aufgenommenen Wortlaut der Sendefolge wird deutlich, daß ich nicht gänzlich der Neigung entgangen bin, das kriminelle „Verüben" zu verwenden. Offensichtlich kam es mir doch als etwas Straffälliges vor. Von Hause aus Calvinist, habe ich schließlich soviel Respekt vor der Erfüllung des Gesetzes mitbekommen, daß es – zumindest im ersten Stadium der Serie – keine beliebige Entscheidung gab. Wiewohl ich mich an den Moment beim Interview in der ersten Folge erinnere, als ich nach dem rechten Wort suchte.
Dem Ungewöhnlichen ausgeliefert, zögernd, schockiert, verwundert, entsetzt und manchmal entrüstet – das waren abwechselnd die Gefühle, die meine Haltung bestimmt haben

während der ersten Monate eines Jahres, das ausgefüllt war mit Denken und Reden über Euthanasie und Hören auf die Meinungen oder Erfahrungen anderer im Blick auf dies Thema. Vor allem die ersten Kontakte mit Leuten, die aus ihrer ganz persönlichen Betroffenheit zuweilen völlig emotional von Situationen erzählten, in denen Gedanken an die eine oder andere Form von Euthanasie unausweichlich waren, haben starke Eindrücke bei mir hinterlassen.

Das war auch die Zeit, in der ich den „großen Konflikt" der Fernsehleute zu spüren bekam. Den Konflikt nämlich, wieweit man sich im Dienste des Programms, d.h. dem Interesse des Zuschauers zuliebe die persönlichen Empfindungen und Erfahrungen Einzelner zunutze machen kann und darf. Nie zuvor in den zehn Jahren Fernsehpraxis habe ich diesen ständig vorhandenen Konflikt dermaßen stark empfunden wie bei der Vorbereitung und den Aufnahmen zu dem Programm „Ein milder Tod".

Stets aufs neue bedeutete das Auswählen aus dem vorhandenen Material von Menschen, Fakten und Bildern ein Abwägen von Gewichten, ein Prüfen der Motive, eine Erforschung des eigenen Gewissens. Das Warum, Wodurch und Wofür war die ständige kritische Frage an Denken und Tun. Sollst du den Arzt, der dir im Studio gegenübersitzt und abstreitet, jemals Euthanasie verübt (!) zu haben, daran erinnern, was er dir eine Woche zuvor erzählt hat? Sollst du den anderen Arzt danach fragen, wie er denn seiner hochbetagten und todkranken Mutter geholfen (!) hat, wenn er während der Fernsehaufnahme zu der Behauptung ansetzt, daß er eigentlich dagegen sei? Sollst du das Interview durchgehen lassen mit der Frau, die sich einmal ihren Kummer über ihr unglückseliges Kind von der Seele reden wollte, während du weißt, daß die schon genug belastete Ehe nur noch mehr Schaden nimmt, weil der Vater dagegen ist: er schämt sich wegen des Kindes. Sollst du das Verhältnis zwischen den Eltern eines hydrocephalen (Wasserkopf-)Kindes und dessen Betreuern stören, weil du so gern – und mit Wissen und Zustimmung der Eltern – eine Aufnahme von dem Baby machen möchtest, aber weißt, daß die Leitung der Anstalt große Bedenken dagegen hat?

Die Angst, die Unfreiheit und die Hemmungen, mit denen das Thema der Euthanasie behaftet ist, treten zutage, wenn man darüber in der Öffentlichkeit sprechen soll. Vor allem sind es Ärzte, die dann nicht gern, wie man bei uns in Holland sagt, das Hinterste ihrer Zunge sehen lassen. Wiewohl sie lauthals und enthusiastisch „Ah" rufen, wenn ein Kollege den Mut aufbringt, rundheraus zu bekennen, daß er einem unheilbar kranken und leidenden Patienten eine „kleine Spritze" gegeben hat.
Es ist nicht mehr so, daß sich der Arzt hochfahrend weigern würde, mit Laien über sein Fach zu sprechen. Auch den überlegenen und autoritären Tonfall scheint er beiseite zu lassen. Das ist nicht *in*, und der Arzt möchte vor allem *in* sein. Doch wenn er sich unsicher zu fühlen beginnt, dann ist es mit der schönen Offenheit im Nu vorbei.
Unsicherheit legt er besonders auffällig an den Tag bei Gesprächen über das Sterben von Patienten. Im Verlauf der Vorbereitungen für die Euthanasie-Sendungen habe ich viele Ärzte aufgesucht. Bei diesen Begegnungen gab es nicht selten Momente, in denen ich intuitiv merkte, daß der Arzt mir gegenüber in Verwirrung geriet durch eine plötzlich auftauchende Erinnerung an eine Sterbesituation aus seiner Praxis. In dem Jahr der „Milde Tod"-Sendungen sind bei der Fernsehgesellschaft verschiedene Briefe eingelaufen vor allem von Hausärzten, die froh waren, daß diese Problematik nun endlich einmal zur Sprache gebracht worden war. Einer von ihnen formulierte es so:
„Für mich als Hausarzt bedeuten diese Konfrontationen mit der Art und Weise, wie andere sich dieser Problematik stellen, eine Bereicherung meiner eigenen Gedanken hierüber und bieten einen Halt bei meinen eigenen Bemühungen, im gegebenen Falle zu einer Lösung zu finden."
Viel weniger befangen gegenüber Situationen rund um das Sterben scheint der Krankenhausarzt zu sein. Was auf der

Hand liegt. Denn der Arzt, der einem Krankenhaus zugehört, ist gewöhnlich im Teamverband tätig. Er ist nicht allein auf sich gestellt, er kann sich auf seine Kollegen und auf das Pflegepersonal stützen. Im gemeinsamen Auftreten ist es einfacher, sich hinter einer festgelegten Formel (dem Eid des Hippokrates) zu verschanzen, als wenn man als Einzelner handeln soll, wie das durchweg beim Hausarzt der Fall ist.
Äußerst kennzeichnend für diese verschieden geartete Situation ist die folgende Geschichte, die mir aus erster Hand zur Kenntnis kam:

Ein holländischer Arzt wird in einem javanischen Dorf zu einer Niederkunft gerufen. Ihm steht eine eingeborene Hebamme zur Seite. Die Geburt gestaltet sich besonders schwierig. Der Arzt entschließt sich zu einer Zangengeburt mit der Möglichkeit einer weiteren Schädigung des Kindes. Die Operation scheint zu glücken. Doch wie der Arzt den Säugling in seinen Händen hat, sieht er, daß sie doch mißglückt ist. Die Hebamme nimmt ihm das Kind aus den Händen. Ohne ein Wort zu verlieren, drückt sie ihre Hand auf den schreienden Mund des kleinen Kindes. Einige Augenblicke später rührt es sich nicht mehr...

Das ist nun schon eine Reihe von Jahren her. Derselbe Arzt arbeitet heute auf der Kinderabteilung eines modernen holländischen Krankenhauses. Auf dieser Abteilung dürfte in einer ähnlichen Situation die Devise gegolten haben: Retten, was zu retten ist! Alle verfügbaren Apparaturen wären eingeschaltet, das Äußerste an Betreuung wäre aufgewandt und der Kampf gegen den Tod und für das kümmerlichste und unglückseligste Leben aufgenommen worden. Auf Java hat der holländische Arzt die Hebamme ihr Vorhaben ausführen lassen, er hat keinen Einspruch erhoben und also stillschweigend zugestimmt. In Holland würde er nach Kräften an der „Rettungsaktion" mitgewirkt haben.
Ohne nun direkt das Eingreifen der javanischen Hebamme verteidigen zu wollen (vermutlich tat sie nur, was die einge-

borene Bevölkerung von ihr erwartete), kann man sich die Frage stellen, was eigentlich hinter dem Vorgehen im modernen westeuropäischen Krankenhaus steht. In einer unserer Sendungen formulierte es ein Kinderarzt folgendermassen: „Im allgemeinen nimmt der Arzt die Behandlung vor allem deshalb vor, weil das seine Aufgabe ist." Hieran fügt sich ausgezeichnet die Bemerkung, die in derselben Sendung von der Mutter eines hydrocephalen (Wasserkopf-)Kindes gemacht wurde: „Das (nämlich das Argument, man müsse das Leben eines solchen Kindes erhalten) wird meines Erachtens durchweg ein bißchen zu selbstverständlich vorgebracht, um bloß wieder die medizinische Ethik, so wie sie im Augenblick ist, ins Feld führen zu können."

Vor allem in der institutionalisierten Form der Krankenpflege scheint die Ethik ein eherner Panzer zu sein, an dem alle Erwägungen zugunsten einer Euthanasie abprallen. Die Proteste, die in den vier Sendungen laut geworden sind, richten sich denn auch gegen den Dogmatismus und die Gesetzlichkeit, die den Stand der Mediziner vor Unsicherheit abschirmen. Man stelle sich auch nur vor, daß die Unsicherheit, von der der Hausarzt so häufig heimgesucht wird, in den Krankenhäusern und Pflegeanstalten Eingang fände... Übrigens ist der ziemlich unpersönliche Kontakt zwischen Arzt und Patient im Krankenhaus ein Hindernis für etwa aufkeimende Gedanken an Euthanasie.

Weit mehr ist dieser Gefahr die Krankenpflege ausgeliefert. So ist es auch nicht verwunderlich, daß das Pflegepersonal an den Problemen der Euthanasie stärker interessiert erscheint als die Ärzte. Jedenfalls gibt man sich hier weit zugänglicher für ein Gespräch über diese Dinge. Ihr Kontakt mit dem Patienten ist häufiger und direkter.

In den Gesprächen wird dann häufig die Klage geäußert, daß sie es sind, die am Sterbebett ihren Mann stehen sollen. Der Arzt hat den Patienten aufgegeben, er hat die Partie verloren, und damit ist sein Interesse geschwunden. Während er die Tür des Krankensaals hinter sich zuzieht, bleibt der Pfleger mit dem sterbenden Patienten zurück. Die Sorgen

während der schwierigsten Momente des Menschenlebens, des Sterbens, werden häufig dem Pflegepersonal überlassen.
Aus den vielen Reaktionen von Pflegern und Pflegerinnen auf die Fernsehsendungen tritt zutage, wie stark sie von der Art des Sterbens mitbetroffen sind. Dabei fällt auf, daß vor allem die Jüngeren den Mut aufbringen, einen klaren Standpunkt zu beziehen, sei es für oder gegen die Euthanasie. Das Interesse an diesen Fragen äußerte sich auch während des großen Kongresses, den die protestantischen und katholischen Krankenpflege-Verbände aufgrund unserer Fernsehreihe Anfang 1972 in Utrecht hielten. Wegen des großen Zulaufs mußte dieser Kongreß zweimal wiederholt werden.

Aus dem bisher Gesagten ließe sich bereits eine vorsichtige Folgerung ziehen, nämlich daß der Standpunkt in der Frage der Euthanasie u.a. von dem Verhältnis bestimmt wird, das zu einem Patienten besteht (oder bestanden hat). Je unpersönlicher dies Verhältnis ist, oder wenn gar keines vorhanden ist, desto eher scheint man geneigt, Euthanasie abzulehnen. Auf der anderen Seite, wenn die Ge- und Verbundenheit stärker empfunden wird, scheint auch das Akzeptieren von Euthanasie einfacher zu sein. Die Resultate der Zuschauerbefragung, im letzten Kapitel dieses Bandes wiedergegeben, stimmten zu einem guten Teil mit dieser Annahme überein. Eine Bestätigung hierfür ließe sich auch in den Hintergründen der verschiedenen Prozesse finden, die in bezug auf Euthanasie geführt worden sind. Der Lütticher Prozeß von 1962 ist dafür wohl das bekannteste Beispiel. Angeklagt war eine Mutter, die durch ein Schlafmittel, mithilfe eines Arztes beschafft, ihr eben geborenes Kind getötet hatte. Während der ersten Schwangerschaftsperiode hatte die Mutter das harmlos scheinende Beruhigungsmittel Softenon[1] benutzt; als Folge davon war das Kind verstümmelt zur Welt gekommen. Vor dem Richter erklärte sie, daß sie dem schwer geschädigten Kind ein weiteres Leben ersparen wollte und aus Mitleid gehandelt hatte. Das Gericht sprach die

1 Mit dem Contergan zu vergleichen.

Frau frei – wie hinterher häufig behauptet wurde, unter dem Druck der öffentlichen Meinung.
Ein uns nähergelegenes Beispiel ist der Prozeß um einen Tilburger Arzt. Die Sache kam 1952 vor dem Utrechter Gericht zur Verhandlung. Der Arzt hatte seinen Bruder, der auf entsetzliche Weise an einer schlimmen unabsehbaren Krankheit litt, auf dessen ausdrücklichen und wiederholten Wunsch durch Morphium-Injektionen getötet. Der Utrechter Richter verurteilte ihn zu einem Jahr Gefängnis mit Bewährung, fügte aber hinzu, daß das Gericht vom Gesichtspunkt her, einem allgemeinen Mißbrauch vorzubeugen, eine härtere Strafe erwogen habe.
Auch aus den Berichten über verschiedene andere Prozesse, die im Ausland geführt worden sind, tritt immer wieder die tiefempfundene Verbindung zum Patienten in den Vordergrund, die der Ausführung der Euthanasie zugrunde liegt.
In diesem Band ist der Brief einer Krankenschwester abgedruckt, in dem sie erzählt, wie sie ihrem Vater und später auch ihrer Mutter geholfen (!) hat. Gerade im Zusammenhang mit dem Vorherstehenden ist der eine Satz von Bedeutung: „Man muß wen schrecklich lieb haben, um in voller Verantwortung seinem oder ihrem Leben ein Ende zu bereiten." Auch hier wird also nachdrücklich die tiefe Empfindung einer persönlichen Verbundenheit angesprochen.
Diese Krankenschwester schreibt in ihrem Brief, was sie getan hat, habe nichts mit Mitleid zu tun. Tatsächlich wird Mitleid häufig als Motiv für Euthanasie angegeben. Prof. Lindeboom, Chef der Inneren Abteilung eines Krankenhauses in Amsterdam, nannte 1966 bei einem Vortrag drei Motive für Euthanasie: 1. Angst (vor der Aussicht, unter unerträglichen Schmerzen sterben zu müssen); 2. sozial-ökonomische Verhältnisse (alte Menschen können für ihre Umgebung und für die Gesellschaft eine Last bedeuten); 3. Mitleid (das Mitleid derer, die sich in nächster Umgebung befinden, das unsäglich schwere Leiden des anderen nicht mit ansehen können und dringend wünschen, ihm dies zu ersparen oder dem zuvorzukommen).

Mit Absicht habe ich die Begriffsbestimmung der Euthanasie bis dahin etwas in der Schwebe gelassen. Das Wort wird vornehmlich verwandt im weitesten Sinne von: aktiv und vorsätzlich einem Menschenleben, das todkrank und/oder stark beeinträchtigt ist, ein Ende zu bereiten. Dabei geht es im allgemeinen um sterbende, bewußtlose alte Menschen, um geistig und/oder körperlich ernstlich geschädigte neugeborene Kinder und um Menschen, die unheilbar krank sind und unter heftigen Schmerzen leiden. Doch in den Diskussionen zeigt sich häufig, daß das, was der eine für Euthanasie hält, dem anderen als Mord und Totschlag gilt, selbst wenn dieser andere behauptet, für die Euthanasie zu sein. Dieser Gegensatz der Ansichten bricht namentlich dann auf, wenn es um die Beendigung unzulänglichen neugeborenen Lebens geht. Dabei fällt der Aspekt der Freiwilligkeit fort, der von den meisten Befürwortern der Euthanasie zur Bedingung gemacht wird. Prof. Roscam Abbing, der Groninger Theologe und Ethiker, umging in einer unserer Fernsehsendungen diese Schwierigkeit, indem er es vorzog, von „unverlangter" statt von „unfreiwilliger" Euthanasie zu reden. Er sprach sich dann auch deutlich gegen „unfreiwillige" Euthanasie aus, räumte jedoch die Möglichkeit der Anwendung einer „unverlangten" Euthanasie bei Beginn des Lebens ein.
Es ist kein Wunder, daß viele an diesem Punkt starke Vorbehalte haben. Die Erinnerung an die Praktiken der Nazis im Zweiten Weltkrieg ist noch zu einschneidend gegenwärtig. Viele tausend Schwachsinnige sind in jenen Jahren Hitlers Euthanasie-Aktionen zum Opfer gefallen. Der verbrecherische Entschluß hierzu wurde bestärkt von einer verhängnisvollen Ideologie, der u.a. der pure Zufall einer Geburt Vorschub geleistet hat.

Der deutsche Euthanasie-Ideologe Prof. Werner Catel bekommt 1939 in seiner Leipziger Universitätsklinik das Kind der Familie Knauer zur Behandlung. Der Säugling ist blind und als Idiot geboren. Auf Vorschlag von Catel wendet sich Vater Knauer an Hitler mit einer Petition, worin er den Füh-

rer um seine Zustimmung bittet, das Kind töten lassen zu dürfen. Hitler begnügt sich nicht mit der Zustimmung, sondern erteilt zugleich die Anordnung, daß alle gleichgearteten Fälle in Zukunft ebenso zu behandeln seien. Der Weg zur Vernichtung „lebensunwerten Lebens" ist damit freigegeben. Neben einer nahezu paranoiden Angst vor dem Untermenschen liegt den Euthanasie-Morden noch die „ökonomische" Überlegung zugrunde, daß all diese „unwerten" Menschen den Staat nur Geld kosten und daß im bevorstehenden Krieg Ärzte und Pflegepersonal an der Front nötiger sind als in den Krüppelheimen und Irrenanstalten.

Es kostet jedesmal aufs neue große Mühe, um manche Leute davon zu überzeugen, daß Euthanasie, wie sie jetzt zur Diskussion steht, einen völlig anderen Hintergrund hat und von ganz anderer Bedeutung ist, als wie der Begriff im Hitler-Deutschland benutzt wurde. Hoffentlich hat sich die Mühe auch einigermaßen gelohnt angesichts der Fernsehsendungen über dieses Thema. Bei der Lektüre der Texte dieser Sendungen wird in jedem Fall das eine deutlich werden, daß sich unter den Interviewten nicht einer befindet, dessen Worte oder Gedanken eine Erinnerung an die infamen Vorsätze der Nazis aufkommen lassen.

„Euthanasie" ist übrigens kein von den Nazis erfundenes Wort. Es wurde zum ersten Mal gebraucht von dem englischen Gelehrten und Großkanzler Francis Bacon van Verulam (1560 - 1626), der, „die großen Möglichkeiten der Naturwissenschaften vorausschauend, nur wollte, daß die Wissenschaften die Möglichkeit eines sanften Todes herbeiführen sollten, da der Mensch ja nicht voll das Leben genießen könne, wenn sein Gemüt beschwert ist von der Möglichkeit eines schmerzvollen Todes". Hundert Jahre zuvor hat ein anderer Engländer, Sir Thomas More, in seinem weltberühmt gewordenen „Utopia" (1516) eine Vision der Zukunft beschrieben, worin er, ohne das Wort als solches direkt zu gebrauchen, sich deutlich für Euthanasie aussprach: „...Viel-

mehr soll er (der an einer unheilbaren Krankheit leidet) voll guter Hoffnung von diesem bitteren Leben, wie aus einer Kerkerzelle und Folterkammer, entweder sich selbst befreien oder aus eigenem Willen gestatten, daß andere ihn davon erlösen. Dies wäre eine weise Tat von ihm, weil er mit solchem Sterben nicht erfreulichen Dingen, sondern der Marter ein Ende macht." Die römisch katholische Kirche hat More 1935 heilig gesprochen. Der Journalist Henk J. Meier hat aufgrund dessen in seinem Buch „Menschenwürdig sterben" die Vermutung ausgesprochen, daß die katholische Kirche der Euthanasie bestimmt nicht dermaßen ablehnend gegenüberstehe, wie allgemein angenommen wird.
Die Schriften von More und Bacon könnten die Ursache für das auffällige Interesse sein, das die Euthanasie in den angelsächsischen Ländern genießt. So wurde 1936 in England die *Voluntary Euthanasia Society* gegründet. Die Bemühungen dieser Vereinigung führten dazu, daß im gleichen Jahr bereits im Parlament eine Gesetzesvorlage zur Legalisierung von freiwilliger Euthanasie in bestimmten, genau definierten Situationen zur Verhandlung kam. Die Gesetzesvorlage wurde mit 35 gegen 14 Stimmen verworfen. Genauso scheiterte ein ähnlicher Versuch 1950. Die letzte Debatte über dieses Thema fand im House of Lords 1969 statt. Diesmal entsprach der vorgelegte Entwurf dem Verlangen nach Erklärung, mit der man den Wunsch nach Euthanasie unter näher bezeichneten Umständen zu erkennen gibt. Diese Erklärung sollte der *Society* zufolge nicht allein für Sterbesituationen gelten, sondern auch für Fälle von unheilbarer Krankheit. Als Sicherung gegen impulsive Entschlüsse sollte die Erklärung mindestens dreißig Tage alt sein. Bevor Euthanasie ausgeführt wird, müßten zwei Ärzte feststellen, ob die Situation des Patienten tatsächlich den genannten Bedingungen entspricht.
Auch jetzt wurde die Vorlage abermals verworfen. Doch aus dem Verlauf der Debatte sowie übrigens aus dem Abstimmungsergebnis (60 gegen 40) wird deutlich, daß auch in diesem hohen englischen Collegium die Auffassungen

sich, wenn auch langsam, zugunsten der Euthanasie ändern. Indessen haben sich der *Euthanasia Society* viele namhafte Philosophen, Mediziner, Juristen und vor allem auch Theologen angeschlossen. In verschiedenen anderen Ländern sind Schwesterverbände gegründet worden. Das zunehmende Verlangen nach einer gesetzlichen Regelung von Euthanasie mündete schließlich in einer Petition von 2513 prominenten Ärzten, Juristen, Philosophen und anderen Wissenschaftlern, gerichtet an die Vereinten Nationen (1952), um so auf internationaler Ebene zu erreichen, was auf nationaler Basis durchweg auf zuviel Widerstände stieß. Man verlangte eine Ausweitung der Deklaration der Menschenrechte auf einen Artikel, in dem das Recht auf Euthanasie im Falle einer unheilbaren Krankheit festgelegt werden sollte. Die Petition ist jedoch nicht zur Verhandlung gekommen. Übrigens muß festgehalten werden, daß auch die genannte englische Vereinigung Euthanasie nur auf ausdrückliches Ersuchen des betroffenen Patienten selbst gestattet haben möchte. In der Anlage der Fernsehserie „Ein milder Tod“ ist diese Kategorie in ähnlicher Weise einbegriffen. Denn auch der Entschluß, ein ernstlich geschädigtes neugeborenes Kind nicht weiter medizinisch zu betreuen, muß unter den Begriff Euthanasie eingeordnet werden. Nun kann man sagen, daß die Frage, ob eine Behandlung vorzunehmen sei oder nicht, nie und nimmer gestellt werden dürfe. Der Arzt müsse, im Blick auf das neugeborene Leben, doch allezeit zur Behandlung schreiten, „weil das seines Amtes ist“. Doch was dies betrifft, so hat 1969 der Leidener Nervenarzt Prof. van den Berg uns als erster die Augen geöffnet. In seiner bekannt gewordenen Flugschrift „Medizinische Macht und medizinische Ethik“ führt er die Opfer des modern ausgerüsteten Mediziners vor, die körperlichen und geistigen Wracks, die am Sterben gehindert werden mittels höchstentwickelter Apparaturen oder wiederholt ausgeführter, rasch aufeinanderfolgender Operationen. Hierzu gehören auch die Kinder, die schwer geschädigt zur Welt kamen und über die Prof. van den Berg voller Entsetzen und Empörung schreibt: „Es ist nicht recht,

dies Kind mit den Operationen und dem Schlauch! Es kann nicht recht sein. Es ist verkehrt, dies Kind und alle diese Kinder, die zum Sterben bereit sind, am Sterben zu hindern..."
Merkwürdig, daß der gleiche Protest, beinahe wörtlich, von einem älteren Mann in einer der Fernsehfolgen kommt, wie er von der Behandlung erzählt, die seine Frau am Ende ihres Lebens erfuhr. Protest gegen den Arzt, der, mit den neuen medizinisch-technischen Möglichkeiten versehen, nach dem alten Auftrag des Hippokrates handelt: es ist dem Arzt geboten, menschliches Leben zu erhalten, zu schonen und zu verlängern, wo und wann er es vermag. Prof. van den Berg vertritt die Meinung, daß die Entwicklung der medizinischen Technik eine neue Ethik erforderlich macht. Er formuliert es folgendermaßen: Es ist dem Arzt geboten, menschliches Leben zu erhalten, zu schonen und zu verlängern, wo und wann dies *sinnvoll* ist. Die Frage, wo das Sinnvolle aufhört und das Sinnlose beginnt, möchte er lieber nicht beantworten. Das ist so pauschal auch nicht festzustellen. Außerdem, so schreibt er, „ist es auch nicht redlich, angesichts der Kranken und der Sterbenden so etwas in bloßer Theorie herumzuposaunen".
Dem möchte ich hinzufügen, daß so eine Grenzbestimmung allerhand Mißverständnisse zur Folge haben könnte. Die Resonanz auf eine unserer Fernsehfolgen hat das deutlich gemacht. So erhielten wir zahllose Zuschriften auf eine Äußerung des Haager Juristen Ekelmans, wonach er auch blind geborene zu der Kategorie von neugeborenen Kindern rechnet, die besser nicht am Leben blieben. Aus den Reaktionen ging hervor, daß man von allem, was Ekelmans gesagt hatte, vor allem diese Äußerung in Erinnerung behielt und sie ihm aufs äußerste verübelte, daß man jedoch den Kontext, in dem diese Äußerung stand, nicht erfaßt hatte und so auch die Äußerung als solche mißverstand.
In einer Stellungnahme der Hervormde Synode zur Euthanasie, die im gleichen Jahr wie die hier besprochene Fernsehreihe (1972) veröffentlicht worden ist, stehen einige Gedanken darüber, was vollwertiges und unvollwertiges Leben ist:

„Leben im biblischen Sinne setzt die Möglichkeit zur Kommunikation voraus. Wo sich nach gründlicher medizinischer Diagnose die Feststellung aufdrängt, daß diese Möglichkeit verhindert ist und keine Aussicht auf Heilung besteht, ist die Grenze zum Niemandsland zwischen Leben und Tod überschritten. Dann hört der Mensch auf, ein geschichtlicher Mensch zu sein mit eigener Individualität und mit der Fähigkeit, jemals mit der Außenwelt in Kontakt zu treten. Es läßt sich demzufolge ethisch rechtfertigen, in diesem Fall die medizinische Behandlung einzustellen, weil die Fortsetzung keine Aussicht auf irgendeinen Erfolg bietet. Selbstverständlich läßt es sich ebenso rechtfertigen, die medizinische Behandlung gar nicht erst einzuleiten, wenn die Prognose so eindeutig erkennen läßt, daß kein Erfolg zu erreichen ist. Auch ist es nicht für verantwortbar anzusehen, das Leben von Kindern, die mit starken Mißbildungen geboren wurden und die nicht imstande sein werden, jemals kommunikativ zu leben, mittels medizinischer Eingriffe zu verlängern. Ebenso ist es nicht verantwortbar zu nennen, bei sehr hochbetagten Menschen, die vom Leben gesättigt sind, gegen deren Wunsch alles Erdenkliche zu tun, um unter allen Umständen das Leben so weit wie nur möglich zu verlängern. Wenn eine hinzutretende Krankheit den Tod herbeizuführen droht, ist es nicht unbedingt nötig, diese Krankheit noch eigens zu bekämpfen; auch dann nicht, wenn der bejahrte Patient beispielsweise aufgrund von Demenz nicht mehr selber entscheiden kann, ob er die spezielle medizinische Behandlung noch für nötig hält."

Die Fähigkeit zur Kommunikation wird in dieser Stellungnahme als ein ausschlaggebendes Kriterium für sinnvolles Leben angesehen. Doch wo beginnt und wo endet Kommunikation? Das rasch auftretende Lächeln im Gesicht des vollidiotischen Kindes oder des dementen Greises ist für die Krankenpflegerin der Beweis dafür, daß der Patient reagiert und also kommuniziert, während soundsoviel andere darin nur eine sinnlose Grimasse sehen. Die Denkschrift, die als „pastorale Handreichung" in die Buchhandlungen gelangt ist, fordert jedenfalls an verschiedenen Punkten mehr Fragen heraus, als daß sie Antworten gibt. Doch das liegt vielleicht auch an den verschiedenen hier vertretenen Ansichtten, die darin untergebracht werden mußten.

Ein ganzes Jahr beschäftigt sein mit der Vorbereitung, Ausführung und Abwicklung von vier Fernsehsendungen über Euthanasie, das heißt ein ganzes Jahr hineingezogen sein in die allerschwerste Problematik des Lebens: das Sterben. Das Hineingezogensein vollzieht sich darin, mittels direkter, persönlicher Kontakte Kenntnisse zu gewinnen von Situationen, in denen Gedanken oder Gespräche über Euthanasie den Mittelpunkt bilden. Das *kann* zur Beeinträchtigung des Urteils führen. Schließlich: man müßte mit Eisen gepanzert sein, um von den Emotionen unberührt zu bleiben, die in solchen Situationen an den Tag gelegt oder ausgesprochen werden. Und diese Emotionen sind gewöhnlich nicht die besten Anhaltspunkte für eine gerechte Urteilsfindung.
Ein Jahr lang ist mir immer wieder aufs neue die Frage gestellt worden, wie ich als Redakteur der Serie „Ein milder Tod“ selber über Euthanasie dächte. Meine Antwort war jedesmal: Ich komme mir vor wie das Männlein in der Comic-Geschichte, das mit einem großen und nachdrücklichen Fragezeichen in der Sprechblase über seinem Kopf herumläuft. Ich habe versucht, das Fragezeichen durch alle vier Sendungen hindurch mit zu tragen. Wer jetzt erwartet, daß am Ende der Serie ein aufatmendes „Aha“ in der Sprechblase zu stehen kommt, den muß ich enttäuschen. Wäre es bloß so, daß sich mit vier simplen Fernsehsendungen eine so verwikkelte Problematik auflösen ließe!
Das einzige Resultat ist meines Erachtens dies, daß man fortan mit mehr Einsicht die Hintergründe der hier erwähnten Situationen zu erörtern vermag. Und vielleicht führt diese größere Einsicht noch einmal zu einem vorsichtig formulierten Standpunkt in dieser Sache. Das war in jedem Fall die Hoffnung, mit der wir seinerzeit an diese Sendungen gegangen sind.

– der es tun soll

Die Patientin ist 57 Jahre alt. Die Erkrankung, deretwegen sie zum Arzt kommt, scheint nicht ernsthafter Natur zu sein. Doch vorsichtshalber wird sie zur gründlicheren Untersuchung ins Krankenhaus überwiesen. Die Diagnose lautet: Erkrankung bösartig, Patientin unheilbar krank.
Die Operation, die danach ausgeführt wird, dient nur dazu, die ärgsten Symptome der Krankheit soweit wie möglich zu mindern. Die Frau erholt sich davon einigermaßen und verläßt etliche Wochen später das Krankenhaus, – ohne Ahnung von der schlimmen Krankheit, die sie mit sich herumträgt. Niemand hat ihr davon etwas gesagt. Auch die Familie weiß nichts davon. Nur der Hausarzt (45 Jahre, eine Praxis von 3 300 Patienten) ist eingeweiht; doch er schweigt. Vor dem Fernsehen erklärt er:
– Ich halte es nicht für gut, wenn einer lange Zeit voraus mit seinem Todesurteil in der Tasche herumläuft. Schließlich weiß keiner genau, wie es weitergeht; und wenn jemand wissen sollte, daß er etwa bloß noch ein Jahr zu leben hat, dann erscheint mir das wenig sinnvoll.

Gilt das auch für den Fall, daß die Patientin vielleicht noch ein Jahr leben könnte?

Das war in diesem Moment noch nicht abzusehen. Doch es war sicher so, daß im Laufe der ersten Wochen, als die Frau wieder daheim war, ihr körperlicher Zustand Rückschritte machte. Ihr Gatte hatte meines Erachtens das Gefühl, daß es nicht gut steht. Er rief mich damals an und sagte: „Ich möchte gerne mal mit Ihnen reden." Er ist dann da gewesen und fragte: „Wie steht es nun, ich habe das Gefühl, daß es mit meiner Frau nicht besser wird und daß sie an einer unheilbaren Krankheit leidet." Darauf habe ich es ihm gesagt

und hinzugesetzt, daß auch die Patientin selber es wissen sollte. Sonst spielt man einander bloß Theater vor.
Ich habe diesen Mann dann gefragt, ob er wüßte, wie seine Frau dem gegenüber steht und ob ich früher oder später einmal mit ihr darüber reden könnte. Ein paar Tage später rief er mich an und sagte: „Meine Frau weiß es wohl, glaube ich, und möchte gerne, daß Sie offen mit ihr sprechen." Das ist geschehen. Das sind entsetzlich schwierige Gespräche gewesen. Doch dann geschah etwas ganz Merkwürdiges. Diese Frau erholte sich, es war so, als lebte sie auf. Und plötzlich gab es so viel in der Familie mit den Kindern, mit dem Mann. Da wurde über alle möglichen Dinge gesprochen, die im Leben der Familie von Bedeutung gewesen waren, und das war eine richtige Befreiung.
Als wir etwas weiter waren, da war zu einem bestimmten Moment eigentlich alles gesagt ... da brauchte nichts mehr zu geschehen. Der Zustand verschlechterte sich auch. Und da kam allmählich die Frage – natürlich nicht so direkt, es hatte so viele Gespräche gegeben zwischen dem Mann und der Frau und ihren vier erwachsenen Kindern und zwischen der Patientin und mir – die Frage, ganz vorsichtig: Muß das so sein? Müssen wir ständig dieses Leiden mit ansehen? Und dann ganz allmählich auch die Frage von der Patientin: Können wir das nicht abkürzen?

Sie haben so eine Frage nicht direkt zurückgewiesen?

Ich habe sie nicht zurückgewiesen, nein.

Sie ließen auch die Bitte auf sich zukommen?

Ich habe die Bitte auf mich zukommen lassen, doch ich habe in dem Moment nicht gleich Ja gesagt. Ich habe auch darum gebeten, mir etwas Zeit zu lassen, um darüber nachzudenken. Bei meinem nächsten Besuch habe ich gesagt, daß ich bereit wäre, es zu tun. So etwas ist natürlich nicht in einer halben Stunde getan. Das hat alles zusammen fast acht Tage gebraucht – vom Beginn bis zum Ende, dem endgültigen Beschluß also.

Kannten Sie die Familie gut? Bestand schon vorher ein gutes Verhältnis zwischen Ihnen und der Familie?

In der Familie hatte es nie viel Krankheiten gegeben, ich kam nur ab und zu mal hin. Es war, möchte ich sagen, ein normales Verhältnis, wie man es als praktischer Arzt mit soviel Familien hat, die einen nicht regelmäßig nötig haben. Bloß, während so einer ganzen Zeitspanne entsteht natürlich ein viel intensiverer Kontakt, weil da so viel anliegt.

Können Sie etwas über die Stellung dieser Frau innerhalb der Familie sagen? Hatten Sie den Eindruck, daß sie geschätzt wurde, daß man sie gern hatte?

O ja, das war ganz deutlich. Man hatte sie gern, und man blickte auch sehr zu ihr auf. Es war eine Frau, die eine wesentliche Rolle in der Familie spielte, wenn auch keine dominierende, keine beherrschende.

Dann kam die Bitte, dem Leben ein Ende zu machen. Kam die Bitte oder der Anlauf zu der Bitte, kam die von der Patientin oder von der Familie?

Die kam in erster Linie von der Patientin selbst.

Welches waren die Motive?

Die Patientin sagte zu einem bestimmten Moment: Alles ist gesagt. Alles, was jetzt noch kommt, ist bloß ein Stück sinnloses Leiden. Da kann nichts mehr draus werden. Mein Leben ist vollbracht. Zu früh vollbracht. Das kann man wohl sagen, aber es ist vollbracht. Was jetzt noch kommt, ist nichts als Leiden, Schmerzen, Ekel.

Sie befand sich in einer Situation, in der sie alle Dinge klar abwägen konnte?

Sie konnte das durchaus, ja.

War es so, daß die betreffende Patientin und die Familie sie überreden mußten?

Nein, das glaube ich nicht. Es war ein Entschluß, den wir miteinander gefaßt haben. Der auch in uns miteinander gereift ist.

Sie hätten sich aber doch ohne weiteres heraushalten können? Sie hätten beispielsweise sagen können, daß dies nicht Sache des Arztes ist?

In diesem Moment nicht mehr. Vielleicht in einem früheren Stadium. Und wenn man einmal zuläßt, daß darüber gesprochen wird, über dieses vielleicht sinnlose Leiden, dann kann man nicht in dem Moment, wenn die Frage auf einen zukommt, sagen: Nein, sorry, ich habe es wohl freiweg dazu kommen lassen, doch jetzt spiele ich nicht mehr mit. Ich finde, das darf man nicht, das ist nicht ehrlich, nicht redlich gegenüber den Betroffenen.

Können wir auf die Dinge noch etwas näher eingehen. Man tritt an Sie in einem bestimmten Moment mit der Bitte heran, in indirekter Weise, Sie gehen darauf ein, also in einem bestimmten Moment stand der Entschluß fest: Wir müssen unser Bestes tun, um dieses Sterben zu verkürzen. Was geschah nach diesem Punkt? Wie war die Phase darnach? Wieviel Tage gingen noch darüber hin?

Sie meinen zwischen ...

... zwischen dem Entschluß ... und der Ausführung?

Ich denke, es dauerte – das heißt, von der ersten vagen Andeutung bis zum Entschluß – etwa zehn Tage. Von der etwas direkteren Äußerung der Frage an, denke ich ... etwa drei Tage, vielleicht zwei.

Und daraufhin haben Sie ...

Dann haben wir also besprochen, wie und wann es geschehen soll.

Wie ging das vor sich?

Ja... Wir sind als Ärzte auf solche Probleme schlecht vorbereitet. Am Ende gibt man wem eine Überdosis von einem bestimmten Injektionspräparat. Ich muß hinzufügen, daß in dieser letzten Phase die Patientin arge Schmerzen hatte und bereits schmerzstillende Mittel benötigte und dadurch kaum bei Bewußtsein war.

Wie war die Situation der Patientin in dem Moment, als Sie die Injektion vornahmen?

Da war sie ziemlich abwesend, aufgrund einer schon vorhandenen hohen Dosierung von schmerzstillenden Mitteln.

Aber doch so, daß sie wußte, was geschah?

Ja, das glaube ich schon, ja.

Hatten Sie Schwierigkeiten bei der Vorbereitung dieser Handlung? Ich meine technische Schwierigkeiten?

Ich hatte allerlei Schwierigkeiten. Technische Schwierigkeiten, weil man natürlich ungenügend vorbereitet ist, um zu wissen, wie das exakt geschehen soll. Naturgemäß wird in unserer Ausbildung als Arzt kein Nachdruck darauf gelegt. Im Gegenteil. Zweitens ist das natürlich keine Sache, die man so beiläufig tut. Ich habe enorm viele Zweifel gehabt. Der letzte Schritt ist mir sehr schwer gefallen.

Geht einem so etwas vielleicht doch gegen die Natur, vor allem auch als Arzt?

Unsere ganze kulturelle Prägung ist so, unsere ganze Ausbildung als Arzt, alles läuft darauf hinaus... Man wird angesehen als Hüter des Lebens, als Bewahrer des Lebens, das wird einem geradezu zur zweiten Natur, und um wider seine Natur zu handeln, die gewiß auch kulturell bestimmt ist, das ist unsereinem nicht gelegen.

Wenn Sie das Zimmer von solch einem Patienten betreten, dann muß es bei all Ihren Zweifeln in einem bestimmten Moment doch etwas geben, das Ihnen hilft, die Sache auszuführen. Was ist das?

Die vorgenommene Entscheidung. Ich meine, dann sollte man auch dazu stehen. Und an zweiter Stelle das Recht, das einer hat, von mir zu erwarten, daß ich den gefaßten Entschluß auch ausführe, auch wenn ich selber meine Schwierigkeiten dabei habe.

Haben Sie noch mit anderen darüber gesprochen außer der Familie und der Patientin?

Ja. Ich habe einige Tage zuvor mit einem befreundeten Arzt, mit dem ich viel zusammenarbeite und auch praktiziere, ausführlich geredet. Das ist für mich eine ganz bedeutende Hilfe gewesen, denn das ist ein Schritt, den man nicht gern allein unternimmt.

Letzten Endes nehmen Sie aber doch die Verantwortung ganz auf sich selbst. Ich könnte mir vorstellen, daß Sie zu einem bestimmten Moment das Bedürfnis nach dem Beistand eines Seelsorgers oder eines Psychologen haben. Sind solche Leute mit befaßt gewesen?

Nein, so jemand ist nicht dabei gewesen. Ich muß sagen, Sie haben da völlig recht. Das sind Entscheidungen, die man in jedem Fall nicht leichtfertig faßt, die schwierig auszuführen sind. Und dann ist durchaus das Bedürfnis nach Kontakten mit anderen vorhanden.

Was taten Sie, als Sie die Injektion vorgenommen hatten? Sind Sie dann sofort nach Hause gegangen, oder sind Sie geblieben?

Ich bin, glaube ich, noch eine halbe oder dreiviertel Stunde bei der Familie und bei der Patientin geblieben.

Wäre es nicht besser gewesen, bis zum Ende da zu bleiben?

Daran habe ich wohl gedacht, doch erstens weiß man nicht genau, wann es zu Ende geht. Darüber hinaus: ich halte das Sterben für etwas ganz Wesentliches im Leben. Es ist der Abschluß des Lebens, da sollte kein anderer, kein Fremder dabei sein.

War die Atmosphäre im Hause auch so, daß Sie fanden, Sie sollten sich zurückziehen?

Die Atmosphäre ist in so einer Situation natürlich belastend. Da herrscht auch eine Art Spannung und eine Stille, da wird nicht mehr viel geredet. Und bei solchem Schweigen kann man gewiß eine Weile mittun bis zu dem Moment, daß man merkt, man sollte sich lieber zurückziehen.

Ich nehme an, daß es für einen Arzt eine sehr schwierige Sache ist. Wäre es nicht sehr viel einfacher gewesen, die Initiative der Patientin zu überlassen, indem Sie beispielsweise eine Dosis Schlaftabletten dagelassen hätten und dann fortgegangen wären ... daß sie selber es hätte tun können?

Ich finde, das ist eine schwierige Frage. Damit hätte ich mich einem Stück Verantwortung entzogen. Zweitens ist das gewöhnlich für den Patienten technisch nicht immer möglich. Wenn einer Mühe mit dem Schlucken hat, dann geht das nicht. In der Situation, mit der ich hier konfrontiert war, ging das nicht, und außerdem meinte ich, mich der Verantwortung nicht entziehen zu können.

Wie hätte sich eigentlich der Krankheitsverlauf dieser Patientin vollzogen, wenn Sie nicht eingegriffen hätten?

Nun, bei dieser Patientin, dieser Frau hätte es keine Besserung gegeben, das war klar. Doch wie lange sie noch hätte leben können, bleibt immer eine schwierige Frage. Man weiß von bösartigen Krankheiten, daß es oft viel länger dauert, als viele denken. Ein paar Monate, das kann man nicht vorhersagen. Doch ich glaube, in der Situation, die ich Ihnen geschildert habe, wäre wohl die Aussicht auf eine Lebensdauer von noch einem bis zwei Monaten anzusetzen gewesen.

Wie lange dauerte es nun, bis die Patientin starb, nach der Injektion?

Es hat wohl etwa zwölf Stunden gedauert. Einen halben Tag.

Hatten Sie damit gerechnet, oder hatten Sie gemeint...

Nein, ich hatte geglaubt, es würde schneller gehen.

Wieso?

Ja, das hängt vielleicht auch mit der mangelnden Erfahrung in dieser Hinsicht zusammen. Und vielleicht hat sich auch ein Stück eigener Zweifel bei der Menge der Dosierung bemerkbar gemacht, sodaß ich möglicherweise zu wenig genommen habe.

Wie reagierte die Familie hinterher? Haben Sie noch Kontakt mit ihr gehabt?

Ja, selbstverständlich, denn man kann natürlich nicht eine Sterbebegleitung abbrechen, wenn der Patient verstorben ist, das tue ich grundsätzlich nicht. Man hat es als eine Befreiung erlebt. Ja, es klingt vielleicht ein bißchen seltsam, aber die Familie war mir hinterher dankbar, daß ich es getan hatte.

Stehen Sie noch immer hinter dem, was Sie damals getan haben, oder sind Ihnen inzwischen doch Zweifel gekommen?

Hinter dem, was ich getan habe, stehe ich noch immer. Ja.

Würden Sie in einem ähnlichen Fall wieder das gleiche tun?

Ich würde jedenfalls wiederum der Bitte nicht aus dem Wege gehn. Was ich tun würde, weiß ich nicht. Ich finde, daß man das Recht dazu hat, diese Bitte zu äußern. Das ist das eine. Auf das andere will ich auch eingehen. Ich möchte dazu sagen, daß für mich eine Reihe ganz schwerwiegender Kriterien zusammenkommen müssen, ehe ich es selber tue. Dazu gehört im besonderen, daß zu dem Patienten und zur Familie gute Kontakte bestehen. Daß der Patient sich dessen bewußt sein muß, was da geschieht. Und daß eine besonders gute Sterbebegleitung stattfinden muß.

Kommt es in der Praxis eines Hausarztes öfters vor, daß unheilbar Kranke die Bitte äußern, ihrem Leben ein Ende zu machen, den Tod eher herbeizuführen?

Ich glaube, das geschah sehr selten. Und ich glaube, es liegt daran: wenn man als Arzt mit jemandem konfrontiert wird, der eine Krankheit hat, die nicht mehr zu heilen ist, dann halte ich es für meine Pflicht, zu gegebener Zeit mit dem Patienten und der Familie über den bevorstehenden Tod zu reden. Ich glaube, wenn man das nicht tut, und wir erleben das häufig so, daß wir einfach nicht dazu kommen, dann wird die Bitte um Beendigung des Lebens überhaupt nicht mehr laut.

Hat es in Ihrer Praxis wohl mal einen Fall gegeben, bei dem Sie hinterher sagten: Hätte ich in jener Situation doch bloß auf die gleiche Art eingegriffen?

Ja, das habe ich schon mal erlebt, doch. Und dann fragt man sich: Wie kommt es, daß das Gespräch nicht zustande gekommen ist, oder nicht richtig zustande gekommen ist, und an wem das wohl gelegen hat. Und dann denke ich, daß es sehr oft an mir gelegen hat und daß daraufhin das Leiden unnötig verlängert wurde.

Und in einem ganz anderen Zusammenhang erinnere ich mich an den Fall eines unheilbar kranken Mannes. Dieser Mann hatte Monate lang im Krankenhaus gelegen, wie ein Sterbender. Ich erinnere mich, wie mich seine Frau eines Abends sehr spät anrief. Sie war völlig am Ende. Sie ging wohl drei, vier, fünf mal am Tag zum Krankenhaus und wurde jeden Augenblick gerufen: Kommen Sie bloß, es geht gleich zu Ende, und dann blieb der Patient wieder einmal am Leben. Diese Frau sagte mir an dem Abend: „Herr Doktor, sagen Sie doch im Krankenhaus Bescheid, sie sollen es nicht länger aufschieben. Ich kann nicht mehr..." Ihr Mann hatte selber zu mir gesagt, als ich ihn kurz davor besuchte: „Herr Doktor, wissen Sie, ich bete jeden Abend darum, daß ich den nächsten Morgen nicht mehr aufwachen muß."Worauf ich zur Antwort gab: „Ich hoffe, daß Ihr Gebet erhört wird." Darauf sagte er: „Sie sind der erste, der das zu mir sagt." Ich glaube: wir Ärzte erhören keine Gebete, aber wir vernehmen vielleicht nicht einmal die Bitte...

Viele Leute sagen, daß eine solche Tat aktiver Euthanasie im Widerspruch steht zu der Bibel, zum Worte Gottes. Empfinden Sie das auch so?

Ich kann das nicht so empfinden, nein. Man bewegt sich in einem Spannungsfeld. Man kann wohl so einfach sagen: Gott will, daß das Leben verlängert wird, daß es erhalten bleibt; doch wer tut das, wer erhält das Leben aufrecht? Das sind wir. Und darf das sein? Die Frage muß mit gleichem Recht gestellt werden. Dürfen wir das Leben, wie das meiner Patientin, verlängern? Das ist eine ebenso schwerwiegende Frage wie: Dürfen wir das Leben abkürzen? In diesem Spannungsfeld muß sich unsereins als Arzt bewegen. –

Ist dies also das Interview, das mir so viele Sorgen bereitet hat? Über das ich mit Programmleitern, mit Juristen, mit Theologen endlose Debatten geführt habe, wofür ich Hinz und Kunz angeredet habe, um die Wirkung der Geschichte zu testen? Wenn ich mir die Aufnahme wieder auf dem Videorecorder ansehe, finde ich das Gespräch eigentlich kaum aufsehenerregend. Ein ganz gewöhnlicher Hausarzt, nicht auffällig gekleidet, gar nicht von oben herab, ohne dies autoritäre Benehmen und Reden, das manche Ärzte so unausstehlich wirken lassen kann, erzählt schlicht-bescheiden in einer Sprache, die selbst der einfältigste Zuschauer verstehen kann, von einem Fall aus seiner Praxis, der ihm besondere Schwierigkeiten bereitet hat. Er erscheint als Arzt, dem es gegeben ist, zu seinen Patienten in einem besonders nahen Verhältnis zu stehen, weil er wesentlich und beständig an ihnen interessiert ist. Von da kommt es wohl auch, daß seine Geschichte so „gewöhnlich" wirkt, eigentlich kaum schockierend, während sie doch ihrem Inhalt nach äußerst schockierend ist. Hier hat, ganz ruhig und bedächtig, ein Mann Platz genommen und erzählt, wie er mit Hilfe einer Injektionsspritze jemanden hat sterben lassen. Im Strafgesetzbuch fällt so etwas unter „Verbrechen und Vergehen wider das Leben" (BGB § 216: Ist jemand durch das ausdrückliche und ernstliche Verlangen des Getöteten zur Tötung bestimmt worden, so ist auf Freiheitsstrafe von sechs Monaten bis zu fünf Jahren zu erkennen. Der Versuch ist strafbar.)

Das entscheidende Element in der Sendung wird am Tag darauf nur von einigen wenigen Zeitungen registriert. „Het Parool" berichtet in einem groß aufgemachten Artikel von der Sendung und veröffentlicht dazu eine ausführliche Reaktion des Mediziners und Juristen Dr. Schuurmans-Stekhoven. Auch „De Telegraaf" bringt einen Bericht mit der Schlagzeile: *Hausarzt im Fernsehen: Ich tötete Patient auf dessen Wunsch.* Das selbe Blatt kommt drei Tage später noch einmal darauf zurück. Über fünf Spalten läuft der Titel: *Soll ‚Euthanasie'-Arzt angezeigt werden?* Darunter: *Fernseh-Geständnis auf dem Seziertisch.* Gibt die Zeitung das Signal zur Verfolgungsjagd? Man hat drei Fachleute um ihre Stellungnahme gebeten: den Amsterdamer Staatsanwalt Dr. Hartsuiker, den Chefinspekteur der medizinischen Abteilung im Gesundheitsministerium, Dr. Drion, und den für medizinische Fragen zuständigen Juristen, Dr. Baronesse van Till d'Aulnis de Bourouill. Staatsanwalt und Chefinspekteur gehen „De Telegraaf" nicht ins Netz. Das Ministerium wartet lieber ein Auftreten der strafrechtlichen Instanz ab, der Chefinspekteur erklärt, er habe die Fernsehsendung nicht gesehen und wolle der Angelegenheit erst nachgehen. Eine Strafverfolgung scheint demnach nicht direkt zu erwarten – was „De Telegraaf" ganz schön geärgert haben muß. Frau van Till bestärkt den Eindruck: „Es besteht ohne Frage die Möglichkeit, daß der Arzt freigesprochen wird aufgrund der vom Hohen Rat bereits früher akzeptierten Möglichkeit eines außergesetzlichen Rechtfertigungsgrundes. Daraus folgt, daß selbst dann, wenn die Tat unter die Definitionen eines Delikts fiele, der betreffende Paragraph nicht unbedingt angewendet werden muß."

Die Risiken einer straf- oder ordnungsrechtlichen Verfolgung waren bereits vor der Sendung in allen Punkten sorgfältig geprüft worden.
Die Erwartung, daß es mit der strafrechtlichen Verfolgung nicht so selbstverständlich zuginge, gründete u.a. auf der Tatsache, daß der betreffende Arzt nicht genötigt werden kann, an der Beweisführung für das, was ihm zur Last gelegt werden mag, mitzuwirken. War der Staatsanwalt dazu imstande, von den Vorgängen aus, die in der Sendung zur Sprache gekommen waren, einen konkreten Tatbestand zur Last zu legen? Würde er eine Strafverfolgung als im allgemeinen Interesse liegend betrachten?
Es war also unwahrscheinlich, daß eine Strafverfolgung in Gang kommen sollte, und tatsächlich ist es dann auch nie dazu gekommen.
Ordnungsrechtlich lag der Fall delikater; man konnte ja davon ausgehen, daß der Arzt mit diesem seinem Auftreten vor der Fernsehkamera das Ansehen der Ärzteschaft insgesamt geschädigt habe, so daß ein Eingreifen seitens eines medizinischen Juristen nicht auszuschließen war.
Gleichwohl schien die Aussicht darauf verhältnismäßig gering, weil cinc ordnungsrechtliche Verfolgung weit mehr Verwirrung und Unruhe in der medizinischen Welt hervorzurufen drohte, als es dieser lieb sein konnte.
Gleichwohl kam es darauf an, die Sendung so gründlich vorzubereiten, daß schier jedes Wort und jede Formulierung zuvor feststand. Die konkreten Fakten des Falles mußten verfremdet werden, um der Möglichkeit des Erkennens bei den nächsten Angehörigen des Patienten vorzubeugen. Das ganze Gespräch haben wir einigemale von Anfang bis Ende wiederholt.
Die Folgen des Interviews waren sogar harmloser als erwartet. Und vermutlich hätte auch das Gesundheitsministerium in der Person des Chefinspekteurs Dr. Drion nicht reagiert,

wenn die Zeitungsartikel nicht gewesen wären. Seine freundlich abgefaßte Einladung, wenn es mir gelegen käme, mit ihm über das gesendete Interview zu sprechen, schien während der Unterhaltung auf eine sehr nachdrückliche Mahnung hinauszulaufen, nicht noch einmal Ärzte zu derartigen „Bekenntnissen" zu verführen. Diesmal wollte er es durchgehen lassen, doch bei einer neuen Gelegenheit unwiderruflich eingreifen und den betreffenden Arzt zur Anzeige bringen. Es schien übrigens so, daß er seinen Inspekteur im Bezirk Utrecht beim Staatsanwalt hatte anfragen lassen, ob von dieser Seite her Wert auf Strafverfolgung gelegt würde; das war offenbar nicht der Fall. Auch der Inspekteur hatte die Sache auf sich beruhen lassen.
Die Bitte Dr. Drions, ihm Name und Adresse meines Gesprächspartners anzugeben, meinte ich abschlagen zu müssen. Obwohl Drion sich nur mit dem Arzt unterhalten wollte, würde er doch auch, nach den amtlichen Spielregeln, seinen Inspekteur in dem betreffenden Bezirk unterrichten und dazu die Identität des Arztes preisgeben müssen. Nun war bloß die Frage, wie der Inspekteur über diese Sache dachte. Ich bat Dr. Drion, daß er sich danach erkundigte. Aufgrund dieser Auskunft würde ich „meinen" Doktor gegebenenfalls bitten, sich mit Drion in Verbindung zu setzen. Ein paar Tage nach diesem Gespräch auf der Chefinspektion bekam ich einen Anruf von Dr. Drion. Sein Inspekteur schien sehr interessiert und wünschte auch ein Gespräch mit dem Arzt, wobei er vorderhand eine Strafverfolgung nicht ausschließen wollte. Dies bedeutete für mich, daß ich den Namen des Arztes nicht angeben konnte und keinen Anlaß sah, den Kontakt zwischen dem Arzt und dem Chefinspekteur herbeizuführen.

Dem Interview im Hilversumer Fernsehstudio wohnten der Arzt Dr. Verkuyl, Chefarzt des Revalidationszentrums „De Hoogstraat" in Leersum, und der Haager Jurist Dr. Ekelmans bei. Beide hatte schon früher, bei anderen Gelegenheiten, ihre Gedanken über Euthanasie formuliert. In ihrem

Kommentar zur Geschichte des interviewten Arztes äußerten beide eingangs ihre Bewunderung für den Mut dieses Mannes, so vor aller Öffentlichkeit über die Sache zu reden. Sie hatten aber auch Kritik vorzubringen.

Dr. Verkuyl:

– Es könnte sein, daß hier etwas zu früh mit dem Patienten gesprochen wurde. Das dadurch entstandene Vakuum, da alles gesagt war, kann die Bitte um Beendigung des Lebens hervorgerufen haben. Was mir weiter zu schaffen macht, ist dies: angenommen, dies würde allgemein üblich, nun, ich muß sagen, ich habe kein so totales Vertrauen zu allen Ärzten. Es gibt auch merkwürdige Leute darunter, und es gibt da auch Leute, die etwas verwegen und unbesonnen vorgehen können. Wenn ich Patient wäre, möchte ich mich nicht ohne weiteres drauf verlassen, daß mein Wunsch genau so ausgeführt wird, wie ich das selber wollte. Und schließlich: wie man es auch hin und her wendet, unser Gesetz verbietet noch immer aktive Euthanasie, und ich bin der Ansicht, daß ich mich an die Gesetze des Landes zu halten habe.

Sie sind also gegen das, was der Arzt getan hat?

So pauschal dagegen sicher nicht. Ich meine, daß passive Euthanasie manchmal erlaubt ist und manchmal sogar Pflicht. Doch diese Tat, so ausgeführt, ja, da bin ich dagegen.

Sie berufen sich auf das Gesetz. Sie nennen nicht die Bibel. Ich weiß, daß Sie ein Arzt reformierten Bekenntnisses sind. Geschieht es nicht aufgrund der Bibel, daß Sie das Vorgehen dieses Arztes ablehnen?

Ich finde es äußerst schwierig zu wissen, was Gott von uns in dieser Hinsicht verlangt. Er fordert von uns in erster Linie Liebe und Barmherzigkeit, und die können zuweilen einmal mehr in der Richtung meines Kollegen liegen als der des Gesetzes unseres Landes. –

Die Reaktion von Dr. Ekelmans auf die Geschichte des Arztes:

– Ich stehe sicher dahinter, und ich hege Bewunderung für den Arzt, daß er willens war, es zu tun, und daß er sich nun bereit fand, es zu sagen. Doch daneben habe ich Kritik anzubringen. Nach meiner festen Überzeugung ist in diesen Dingen der Arzt derjenige, der nichts zu entscheiden hat. Er ist bloß der Ausführende, der mit den Mitteln, die ihm von der Gesellschaft anvertraut sind, das tun muß, was die Gesellschaft will. Die Gesellschaft legt fest, wer auf der Grenze von Leben und Tod die Entscheidung zu treffen hat. Das kann auf keinen Fall der Arzt sein. Denn es könnte Ärzte geben, die in aller Seelenruhe jemanden „wegspritzen". Und gerade jemand, der am Ende seines Lebens angelangt ist, wird nicht so seelenruhig imstande sein, deutlich seinen Willen zu bekunden. Er wird dem Arzt nicht mehr so entschieden sagen können, was er will. Und dann kostet es den Arzt keine besondere Mühe, die Entscheidung so zustande kommen zu lassen, wie er sie selber haben will. Dann wird der Arzt, der einen lästigen Patienten loswerden möchte oder vielleicht ethisch besonders lockeren Auffassungen anhängt, recht schnell das entsprechende Mittel verabreichen oder die Spritze geben. Ein anderer Arzt wird Nein sagen, womit der Patient seiner Pein überlassen bleibt.
Wenn der Patient merkt, daß es nicht mehr geht, daß er seine Aufgabe erfüllt hat und sein Leben gelebt ist – und hier verstehe ich unter Leben mehr, als daß einer noch atmet und sein Herz schlägt, denn von dieser Art gibt es viele Menschen in unserem Lande, doch die können wir eigentlich nicht mehr zu dem Lebenden zählen –, wenn er in diese Situation gelangt ist, dann muß er sagen können: Ich ziehe einen Strich darunter. Ich sehe das auch keineswegs im Gegensatz zur christlichen Lebensauffassung. Wenn man sagt: Das Leben ist eine Gottesgabe, dann stimme ich darin zu, wenn man darunter versteht, daß man so leben soll, wie die Bibel das vorschreibt. Doch das kann nicht heißen, daß das Leben, wenn es erfüllt ist, nicht auch von demjenigen beendet werden darf, der die Verantwortung für dieses Leben in erster Linie getragen hat, indem er es selber lebte. Doch um auf

meine Kritik zurückzukommen: Ich meine also, daß der Arzt nicht die Entscheidung zu treffen hat. –

Das letzte Wort in dieser Sendung hatte der interviewte Arzt. Er sagte unter anderem:
– Ich kann natürlich ohne weiteres sagen, daß ich mich nicht als Gesetzesbrecher fühle. Andererseits: das Gesetz besteht, dessen bin ich mir durchaus bewußt. Doch ich glaube auch, daß das Gesetz veraltet ist. In seinem alltäglichen Handeln als Arzt bewegt man sich in einem Spannungsfeld zwischen dem, was eigentlich nicht sein darf und was sein soll, was von einem erwartet wird, etwa Barmherzigkeit. Und für mich ist Barmherzigkeit wichtiger als die Frage, was ich tun darf und was nicht. Und was weiter die Bemerkung von Herrn Ekelmans betrifft: natürlich, in erster Linie hat der Patient zu entscheiden. Und es ist eigentlich eine unmögliche Situation, daß heutzutage der Arzt die Entscheidung zum Teil wahrnehmen muß. So bin ich auch sehr dafür, daß andere in die Verantwortung einbezogen werden. Doch so weit sind wir noch nicht. Somit handelt man in einer Art Notsituation, über die ich nicht glücklich bin. –

Die Reaktionen der Zuschauer auf diese erste Sendung der Serie „Ein milder Tod" waren bis auf eine einzige Ausnahme positiv. Aus so gut wie allen Briefen sprach Bewunderung und Respekt für das Handeln des Arztes und für die Art, in der er darüber vor der Kamera berichtet hat. Hier einige Ausschnitte aus den Briefen:
„Sehr geehrter, namenloser Herr Doktor! Haben Sie Dank für Ihren Mut, mit dem Sie dieses Problem auf überzeugende Weise angesprochen haben. Dank, Dank, Dank!"
„Ich fürchte, daß es viele negative Reaktionen geben wird. Man hat ja soviel Angst davor. Doch wenn von einem Arzt mit großem Verantwortungsgefühl die Entscheidung zusammen mit dem betreffenden Patienten und der Familie getroffen wird, was läßt sich dann noch dagegen sagen?"
„Daß dieser Hausarzt einen schweren und heftigen Kampf in

seinem Gewissen zu bestehen hatte, davon bin ich voll und ganz überzeugt, und das kann ich mir sehr gut vorstellen. Aber das Leben eines Patienten wie dieser Frau, die unheilbar krank war, ist ein Martyrium. Darf man jemanden so martern? Dafür, wie dieser Doktor die Sache angepackt hat, habe ich großen Respekt. Diesem Beispiel sollten sich viel mehr Ärzte anschließen. Als Krankenpfleger habe ich viele Kranke sterben sehen. Oftmals habe ich mich gefragt, warum dem Leiden nicht eher ein Ende gemacht wird, sowohl für den Patienten wie auch für die Angehörigen."

Von den vielen Zuschriften von Ärzten diese Ausschnitte aus zwei Briefen:

„Wie der anonyme Arzt in der Sendung heute abend feststellte, hat man in unserer Ausbildung diesen Problemen zu wenig Aufmerksamkeit gewidmet, und auch ich empfinde beispielsweise eine Lücke in meinem Wissen, wie technisch eine aktive Euthanasie auszuführen wäre."

„Für einen Patienten aus meiner Praxis hätte ich das, in diesem Stadium der Meinungsbildung, nicht getan, weil meine Opferbereitschaft und/oder meine Sicherheit dafür nicht groß genug sind. Wohl aber für meinen Bruder, den ich besonders gern habe."

Ein ablehnender Brief kam von einer siebzigjährigen Frau, die dem anonymen Arzt folgendes schrieb:

„Ich glaube fest und bin überzeugt, Sie hätten dies nicht tun dürfen. Ich habe gesehen, daß es Ihnen schrecklich schwer gefallen ist, das alles zu erzählen. Ich bin mir nicht so sicher, daß Sie meinen, recht gehandelt zu haben. Schließlich ist es Gott, der das Leben gibt und nimmt. Wir wissen, daß Er einen jeden im Auge hat, auch die Frau in ihrem schlimmen Leiden. Aber Gott ist doch imstande, die Qual zu lindern und auch ihr Leben zu verkürzen."

Viel schärfer formuliert waren Ablehnung und Kritik im Brief einer katholischen Krankenschwester:

„Mit Staunen und zunehmendem Abscheu habe ich Ihr Programm mit dem schönen Titel ‚Ein milder Tod' gehört. Dieser Hausarzt, der den ehrenvollen Titel eines Heilkundigen

trägt und dabei behauptet, einen religiösen Einschlag zu haben, also einen Gott anerkennt, den einzigen, der über Tod und Leben bestimmt, meint selber Gott spielen zu müssen. Jemand, der Leiden in jedweder Form als sinnlos bezeichnet, hat den wahren Sinn des Lebens nie begriffen, da doch für einen gläubigen Menschen das Leiden äußerst sinnvoll ist.
Ich bin selber katholische Krankenschwester und habe über fünfzehn Jahre Menschen leiden und sterben gesehen. Ich habe sehen dürfen, wie ein jeder Mensch dies auf seine besondere Art erlebt, von äußerster Tragik (aber nie sinnlos) bis zu tiefgreifender Bereicherung und Erbauung für sich selbst wie für seine Umgebung, trotz vieler Schmerzen und Leid auch für die Familie. Hat dieser Arzt denn nie miterlebt, daß bereits völlig aufgegebene Patienten auf für uns Menschen unerklärliche Weise am Leben blieben, ja sogar gesund geworden sind? Das vermag Gott und nur Gott allein. Dieser Arzt hat diese Frau um die kostbarsten Monate ihres Lebens beraubt. Der Schritt zum nächsten Mord ist äußerst klein."

3 SIE

– um die es geht

Alte Menschen, die unter Demenz leiden

Das Zimmer geht zum Wald. Es ist Sommer, an einem Vormittag. Vom Sonnenlicht verschlucken das meiste die tiefgrünen Blätter der Bäume. Was bleibt, reicht für den Kameramann nicht aus. Er geht, um ein paar Halogenlampen hinzuzusetzen. Wie das hellweiße, ins Bläuliche spielende Kunstlicht eingeschaltet wird, ruft es bei einer der drei Greisinnen im Zimmer eine gewisse Unruhe hervor. Ihr Kopf rollt von links nach rechts und wieder zurück auf der Rückenlehne ihres Liegestuhls. Ihre Zunge hängt dick und schwer über die Unterlippe. Die Augen sind ruhelos auf der Suche, finden aber keinen Halt. Die beiden anderen Frauen zeigen nicht die geringste Reaktion auf das grelle Scheinwerferlicht. Sie liegen in ihren Stühlen wie alte Decken zurechtdrapiert, reglos und mit unendlich vielen Falten und Runzeln. Die Filmkamera tastet die drei Menschen langsam ab. Der Ton läuft mit, fängt jedoch nicht viel mehr auf als ein mattes Röcheln, wenn der Atem einer der drei Greisinnen eben über die verschlissenen Stimmbänder fährt. Der Mund ist ein rundgeöffnetes Loch, darüber starren zwei Augen geradeaus und leugnen menschliches Leben. Kamera läuft, Ton läuft. „Ihr Gang, Schwester!"

Eine resolute, muntere Schwester stapft heran. „Tag, Fräulein Peters. Wie geht's? Nicht so gut? Ja, wie kommt das? Nicht gut geschlafen die Nacht? Nein? Sagen Sie, haben Sie schon Ihre Tasse Tee bekommen? Nein? So etwas! Kommen Sie, ich bette Sie ein bißchen höher, denn das Kissen ist ganz nach unten gerutscht. So... Was haben Sie für ein hübsches Band um! Haben Sie das von Adrienne gekriegt? Nein? Von wem denn? Von niemandem? Es ist schlimm, wie? Die

Schwester mit all den dummen Fragen..." Die Schwester ab. Ende der Filmaufnahme. Ist ihr Besuch eigentlich wahrgenommen worden? Es gab Fernsehzuschauer, die ein Lächeln auf dem Gesicht der angeredeten, geistig und körperlich total erloschenen Greisin gesehen haben wollen. Oder war es eine Grimasse?
Die Schwester ist währenddessen in ein benachbartes Zimmer gegangen und widmet sich voller Eifer einer Frau von neunzig Jahren, die bereits seit Jahren hier gepflegt wird. Geraume Zeit ist sie nicht mehr aus dem Bett gekommen. Die Folgen des Durchliegens sind erkennbar an den vielen Verbänden um Arme, Beine, um den Rücken und das Gesäß. Irgendein Kontakt mit der Patientin ist auch hier nicht mehr möglich. Wie denkt die Schwester über die Pflege eines solchen Lebensrestes?

– Wenn wir das nicht täten und die Patientin ihrem Schicksal überließen, dann glaube ich tatsächlich, daß sie es nicht mehr lange machen würde. Doch wenn man diese Patienten vom frühen Morgen bis zum späten Abend betreut, dann hat man beim Nachhausegehen so ein befriedigendes Gefühl wie: Das habe ich nun doch für sie tun können!

Sagen Sie dann nicht etwa: Heute habe ich wieder eine Pflanze versorgt?

Ja, das habe ich mir wohl schon mal gesagt, doch ich würde nicht gern einen Tag versäumen und die Pflanze nicht versorgen.

Und kommt Ihnen nicht auch einmal der Gedanke, daß es mit dieser oder jener Patientin eigentlich besser schon zu Ende wäre?

Sicher denke ich das mal. Ganz sicher denke ich das. Dann komme ich morgens her und sage mir: Jetzt hoffe ich, daß, äh, unser lieber Herrgott hier eingreift. Denn dann frage ich mich, warum das so sein muß. Doch ich kann mir nicht denken, obwohl mir zwischendurch mal solche Fragen kommen, daß wir beispielsweise diesen Patienten eine Spritze geben sollten, so daß sie nicht mehr da sind, denn, äh, nein...

Das geht Ihnen zu weit?

Das geht mir *eigentlich* zu weit... –

In Utrecht veranstaltet die Niederländische Vereinigung für Gerontologie einen Nationalkongreß unter dem Thema „Ein lebenswertes Alter" (24. Sept. '71). Vier Arbeitspapiere liegen vor. Eines davon stammt von Dr. Leering aus Arnhem und enthält seine Gedanken über Euthanasie. Es ist an sich schon auffällig, daß bei einem Kongreß, der sich mit der letzten Phase des Lebens beschäftigt, der Begriff „Euthanasie" überhaupt zugelassen wird. Nicht alle Teilnehmer dieser bedeutenden nationalen Veranstaltung scheinen darüber besonders glücklich zu sein. Doch einige sind vor allem darüber verstimmt, daß man ausgerechnet zu diesem Thema Dr. Leering aufgefordert hat. Leering (er ist Direktor einer grossen Pflegeanstalt) hat sich durch frühere Äußerungen über Euthanasie im Blick auf alte Menschen den Unwillen verschiedener Kollegen auf sich gezogen.
In dem Arbeitspapier für den Utrechter Kongreß gibt er sich jedoch ziemlich vorsichtig. Zwar plädiert er, um der Patienten willen, die selber von der Sinn- und Zwecklosigkeit eines weiteren Fortlebens reden, für eine Revision der medizinischen Ethik, wobei die Euthanasie eine zentrale Stelle einnehmen sollte – doch viel weiter scheint er diesesmal nicht gehen zu dürfen. In der Fernsehsendung vom 26. November '71 wird er an eine andere Äußerung erinnert:

– In dem Blatt „Op leeftijd" (Auf Lebenszeit) haben Sie einmal erklärt, auf Wunsch eines bejahrten Patienten müsse der Arzt seine Zuflucht zu aktiver Euthanasie nehmen können.

Ja, stimmt, das habe ich gesagt. Nur meine ich, daß diese Äußerung falsch zitiert wird, nämlich sie gilt nicht für heute. Ich glaube nicht, daß wir reif dazu sind, um diese doch schreckenerregenden Dinge heute direkt vor Augen zu haben. Doch wir müssen uns wohl eine Meinung darüber bilden. Ich finde, daß aktive Euthanasie in einer noch weit entfernten Zukunft ihren Platz finden wird, allerdings anders als was wir jetzt darunter verstehen. Es wird nicht das Töten mit einer Injektion und dies herzlose Tun sein. Ich denke viel mehr daran, daß wir es in der Zukunft mit einem noch größeren Problem zu tun bekommen: mit der Form des Lebensendes, wie Sie es auch eben im Film gesehen haben. Die mittlere Lebenserwartung wird in den nächsten 25 Jahren um ungefähr zehn Jahre zunehmen. Und das bedeutet, daß wir vor einem unsäglichen Problem stehen werden, nämlich daß alle diese Menschen weit mehr als heute auf solche Weise ihr Lebensende fristen müssen.

Sind Sie schon einmal von einem Ihrer alten Patienten darum gebeten worden, seinem Leben ein Ende zu machen?

Ich bin verschiedene Male von verschiedenen Patienten darum gebeten worden und weit häufiger noch von Angehörigen der Patienten. Denn was Sie jetzt eben in Bildern gesehen haben, diese schrecklichen Zustände kommen recht häufig vor, und sie sind für die Lebenden offenbar doch schwerlich akzeptabel. Natürlich, das Sterben ist ein sozialer Vorgang, wobei es nicht allein um den Sterbenden geht, sondern auch um diejenigen, die um ihn sind. Und ich habe den Eindruck, daß wir dies mit all den Begleiterscheinungen nicht verkraften, solche Art von Leben, am Ende des Lebens, diese Form des Sterbens, – daß dies für unsere Menschenwürde nicht akzeptabel ist.

Ist solch eine Bitte, dem Leben ein Ende zu machen, gerechtfertigt?

Solch eine Bitte ist durchaus gerechtfertigt. Man muß sich, ich meine als Arzt, natürlich sehr genau die Gewissensfrage stellen. Die Untersuchung muß sorgfältig vorgenommen, die Therapie aufs beste versucht worden sein. Doch es gibt dann Momente, da steht man tatsächlich mit dem Rücken zur

Wand und da wird vom Arzt ein Handeln erwartet, wo er nicht mehr handeln kann. Und ich finde, daß dann die Bitte des Patienten oder seitens der Familie in jedem Fall eine gerechtfertigte Bitte ist.

Gehen Sie auch einmal darauf ein?

Ich bespreche das wohl mal mit den Leuten. Doch wenn Sie mich fragen, ob ich selber in aktivem Sinne eingreife, dann sage ich Nein. Das tun wir in keinem Fall.

Aber passiv?

Passiv, das gibt es für mich eigentlich nicht. Wir haben die Erfahrung gemacht, daß das, was wir an Behandlung unterlassen, absolut nichts an der Lebenserwartung vermehrt oder mindert. Die Pflege, die Betreuung ist in weit größerem Maße ein lebensverlängernder Faktor als das, was wir Ärzte mit simplen Pharmazeutika ausrichten können.

Sie haben einmal gesagt, ich glaube, es steht in dem Arbeitspapier für den Kongreß in Utrecht: Wir sind in der Heilkunde so weit, daß der Heros den Heroinen Platz machen muß. Was haben Sie präzis damit gemeint?

Ich meine folgendes. Im allgemeinen ist die Heilkunde nicht bloß geneigt, sondern geradezu verpflichtet, dort, wo es ans Sterben geht, alles in Bewegung zu setzen zur Verlängerung des Lebens, dafür zu sorgen, daß der Mensch „gerettet" wird.

Nun jedoch, da die Mehrzahl der Menschen in einem Alter über 70 Jahren sterben (im Gegensatz zu früher, als man durchschnittlich mit 36 Jahren starb), nimmt sich die Sterbensproblematik ganz anders aus. Der Heroismus, den wir als Mediziner dem jüngeren Leben gegenüber einsetzen, ist nach meiner Meinung nicht mehr der Einsatz, den wir für die erloschenen Wesen, wie wir sie eben im Film gesehen haben, nötig haben. Ich glaube, daß wir uns hier auf Medikamente einstellen müssen, die das Sterben erleichtern, beispielsweise also Heroin. –

Auch an der zweiten Fernsehsendung über Euthanasie nimmt der Leersumer Revalidationsarzt Verkuyl teil. Er wird an eine Äußerung erinnert, die er bei einem Rundfunk-Interview getan hat: „Es ist schrecklich, dement zu sein, und es ist auch schrecklich, ständig mit dementen Menschen umgehen zu müssen." In demselben Rundfunkgespräch sprach er sich für eine neue medizinische Ethik aus. Im Fernsehen ging er näher darauf ein:

— Ich halte es für unbedingt notwendig, daß wir uns aufs neue über das Problem der Euthanasie Gedanken machen. Es bedarf keiner Frage, daß im Strafgesetzbuch so etwas wie aktive Euthanasie, Euthanasie auf Verlangen, ausnahmslos verboten ist. Ebenso ist klar, daß solchem Ersuchen von Pflegern, Eltern, Vormündern nach dem Gesetz nicht stattgegeben werden darf: sie haben keine Verfügungsgewalt über das Leben derer, die ihrer Fürsorge anbefohlen sind. Und doch haben wir es mit dem schrecklich schwierigen Problem zu tun, daß die Zahl der geistesschwachen Alten ständig weiter zunehmen wird und daß in dieser Hinsicht etwas geschehen muß.

Wenn ich bedenke, daß in dem Jahrzehnt, das wir begonnen haben, die Zahl der Alten, verglichen mit der Zahl der 18jährigen, um mehr als das Doppelte zunehmen wird, daß wir darüber hinaus Verkürzungen der Arbeitszeit und Verlängerung der Urlaubszeit zu erwarten haben, dann frage ich mich allen Ernstes, wie es mit der Pflege dieser Menschen weitergehen soll.

Und wenn Sie sich diese Frage stellen, denken Sie dann an Euthanasie?

Insofern wohl, daß wir uns allesamt auf die Frage konzentrieren müssen, wie wir diese Menschen in einer bestimmten Phase ihres Lebens begleiten sollen. Wenn ich diese Filmbilder von vorhin sehe, dann denke ich: Muß das so sein?

Meinen Sie, daß wir einer Zukunft entgegengehen, in der ein alter Mensch vor der Periode der Demenz sagen wird:

Nun habe ich mein Leben gehabt, Herr Doktor, machen Sie damit ein Ende?

Ich meine, die Zeit kann kommen, daß Menschen juristisch oder wie auch immer zu verstehen geben können: Falls ich in einen solchen Zustand gerate, dann macht dem ein Ende. Und wenn der Zustand des Patienten tatsächlich nicht die geringste Hoffnung auf ein Leben zuläßt, das den Namen Leben verdient, dann – aber dazu muß das Gesetz geändert werden –, dann meine ich, daß wir den Wunsch erfüllen sollten.

Sie könnten sich vorstellen, daß Sie, auf solche Weise gebeten, darauf eingehen würden, daß Sie tatsächlich zur Spritze greifen würden?

Nein! Beim heutigen Stand der Dinge bestimmt nicht...

Jedoch in der Zukunft...?

In der Zukunft wohl, wenn wir nach gründlicher Überlegung von Medizinern, Ethikern, Theologen, Soziologen usw. usw. zu dem Schluß gekommen sind, daß dies möglich ist und daß dies im Rechtsbewußtsein der Menschen Eingang gefunden hat, dann könnte ich mir vorstellen, daß das eine durchaus verantwortbare Weise ist, in der wir miteinander umgehen.

Würden Sie als Arzt reformierten Bekenntnisses dies auch nicht im Widerspruch zur Bibel sehen?

Ich möchte fast sagen, im Gegenteil. Ich glaube nicht an das autonome Verfügungsrecht des Menschen über sein Leben, aber ich glaube, daß ein Mensch unter solchen Umständen, wenn es für ihn keine Kommunikation mit der Außenwelt und auch keine Glaubenskommunikation mehr geben kann, daß so ein Mensch vorher zum Ausdruck bringen darf: Ich möchte das nicht, laßt mich doch heimgehen. Ich glaube, so würde es mir gehen. Das darf ich ganz ruhig sagen. –

In der Schlußsitzung 1971 der Jonge Balie[1] beim Hohen Rat[2] der Niederlande hält der Alt-Vorsitzende J. Ekelmans eine Rede, die später augenscheinlich von großer Bedeutung für das Denken und Reden über Euthanasie in Holland wird. Er nennt sein Referat „Der mündige Sterbende" und tritt darin für weitgehende Möglichkeiten einer aktiven Euthanasie ein. Hier ein kurzer Ausschnitt aus dieser Rede, die später in „Medisch Contact" publiziert worden ist:

„Mir scheint, daß der Mensch, sobald es ihm definitiv unmöglich geworden ist, als Mensch in wechselseitiger konkreter sozialer Kommunikation mit anderen zu leben, dies restliche, gerade noch vegetierende menschliche Leben, keinen Anspruch auf Schutz mehr erheben kann und auch kein Bedürfnis mehr danach hat. Dieses menschliche Substrat oder Präparat hat dann ein Anrecht, vollends (und unversäumt) zu sterben, wäre es bloß darum, einer weiteren Hinfälligkeit und Zerstörung – das ist auch ein Stück Respekt vor dem menschlichen Leben – zuvorzukommen. Hierbei besteht kein Anlaß, zu unterscheiden zwischen denjenigen, die ein langes Leben hinter sich haben – etwa geistesschwache Alte –, denjenigen, die von einem plötzlichen Unfall betroffen sind – etwa ernstlich hirngeschädigten Verkehrsopfern –, und dem verwichenen Leben, das nicht das Vermögen zu sinnvollem menschlichen Existieren in sich birgt – etwa den Contergan-Kindern – : vielleicht wird im letzten Falle sogar eher eine Lebensbeendigung zu beschließen sein, weil es kaum menschlich erscheint, ernstlich Geschädigte, die keine faire Chance erhalten (können), zum Weiterleben zu verurteilen."

In der Fernsehsendung „Ein milder Tod" sagt Dr. Ekelmans nach der Vorführung der Filmaufnahme jener drei Greisinnen:

– Wenn ich diese drei besonders jammervollen Frauen sehe, die eben im Bild erschienen sind, kann ich bloß den Wunsch

---

1 Progressive Gruppe der jüngeren Anwälte.

2 Oberster Gerichtshof.

äußern, daß es mir und meiner Umgebung nicht so ergehen soll, und daß ich die Möglichkeit haben werde, an den Arzt, dem ich vertraue, die Frage zu stellen, ob er diesem Leben vor dem Rest ein Ende machen mag. Und dann hoffe ich, daß der Arzt bereit ist, mir zu helfen, und nicht, daß er es, aus welchen gesellschaftlichen Gründen auch immer, noch nicht tun dürfte, sondern noch geraume Zeit warten müßte.

Meinen Sie, daß so etwas auch ohne die ausdrückliche Zustimmung oder das Einverständnis des Patienten geschehen könnte?

Von einem bestimmten Moment an wird der Patient seine Meinung nicht mehr zu erkennen geben können. Wenn er sie grundsätzlich voraus zu erkennen gegeben hat, ist es kein Problem. Im anderen Fall wird er sich seiner Umgebung anvertrauen müssen.

Dem Arzt?

Nicht dem Arzt, sondern seiner Umgebung. Seiner Frau, seinen Kindern, und bei Kindern den Eltern.

Glauben Sie, daß in solchem Milieu eine derartige Entscheidung von einem allein gefällt werden kann, oder meinen Sie, daß auch noch andere Leute hinzugezogen werden sollten?

Ich halte es für gefährlich, wenn diese Entscheidung intern zustande kommt. Ich meine also, daß von außen ein unparteiisches Urteil zu fällen sein wird. Ich könnte mir zum Beispiel vorstellen, daß eine juristische Instanz mit eingeschaltet wird, ob der Bitte der Eltern oder der Kinder, Euthanasie durchzuführen, entsprochen werden darf.

Ich kann mir denken, daß Ihre Gedanken in dieser demokratischen Gesellschaft Wirklichkeit werden könnten. Jedoch angenommen, wir gerieten in eine Situation, in der das Land von einer Diktatur regiert wird, und es bestünden die gleichen Möglichkeiten, was dann?

Ich glaube als erstes, daß die Möglichkeit des Mißbrauchs

keinesfalls ein Grund dafür sein darf, eine solche Regelung nicht einzuführen. Bloß dann, wenn die Folgen unvermeidlich und verkehrt sind, darf man die Regelung nicht beschließen. Und zweitens glaube ich, daß im Falle einer Diktatur die Regelungen zu bestehen aufgehört haben. Man tut dann, woran einem liegt, wenn man als Diktator die Regelungen bestimmt.

Wer sollte Ihrer Meinung nach das Vollzugsorgan eines solchen Urteils sein? Beziehungsweise ein Spruch des Richters, wer soll ihn vollziehen?

Es ist für mich kein Urteil, sondern es ist Hilfe. Und ich würde zur Ausführung am liebsten denjenigen fungieren lassen, der dazu bereit ist. Wenn er dazu nicht imstande ist, weil eine bestimmte Technik dafür vonnöten ist, die er nicht beherrscht, dann der Arzt. Der Arzt wird dann der Ausführende sein, weil ihm die medizinischen Mittel anvertraut sind und nicht dem Laien. Doch das soll nicht heißen, daß der Arzt zu entscheiden hat. Der Arzt hat meiner Vorstellung nach nichts zu entscheiden. Er berät, er führt aus, aber entscheiden tut er nicht.

Darf ich Ihnen eine ganz andere Frage stellen? Aus welcher Lebenssicht sprechen Sie? Halten Sie sich an die Bibel?

Äh, ich halte mich an die Bibel.

Gehören Sie einer Kirche an?

Ich gehöre einer Kirche an. Ich bin Glied der gereformeerde Kerk[1]. Doch wenn Sie damit meinen, daß dies eine reformierte Lehre ist, dann möchte ich sagen, das ist nicht der Fall. Auch wenn die gereformeerde Kerk, wenn ich die Synodalbeschlüsse recht lese, einen ziemlichen Raum freigibt, anders zu denken, als in früheren Zeiten gedacht wurde.

Wird in der Bibel nicht vom Leben als einem Geschenk Got-

---

1 Zur Erklärung siehe die Fußnote 2 auf Seite 95.

tes gesprochen, weshalb die meisten Leute sagen, da darf man sich nicht weiter drauf einlassen?

Ich glaube, das ist ein Mißverständnis. Wenn das Leben eine Gabe Gottes genannt wird, sehe ich das als eine Bildersprache an.

Wenn ich diese schwachsinnigen alten Menschen im Film sehe, dann müßte ja auch dieses Leben ein Geschenk Gottes sein! Aber ich glaube, daß meine Verantwortung innerhalb dieser Gesellschaft es mit sich bringt, daß ich – ich sage „ich", meine aber die Gemeinschaft – hier ordnend eingreife und nicht angesichts dieses „Geschenkes Gottes" fünfe gerade sein lasse. –

Schwer geschädigtes Leben

Jahr für Jahr werden in Holland 500 schwer geschädigte Kinder geboren, Babys, die nie werden laufen können, die auch nie werden reden können, die zu einem bloß vegetativen Leben verurteilt sind, wozu dann noch eine besonders intensive medizinische und pflegerische Versorgung nötig ist, um dieses Leben aufrechtzuerhalten. Das gelingt bei ungefähr der Hälfte: 250 Kinder sterben nach kurzer Zeit, die übrigen 250 können bis zu ihrem 15. oder 20. Lebensjahr am Leben bleiben. Entsprechend den Fortschritten in der Medizin wird sich diese Grenze der Lebenszeit in der Zukunft immer weiter verschieben. Einige dieser Kinder sind geistig wie körperlich so schwer geschädigt, daß nahezu alle Funktionen ausfallen, Nahrung und Sauerstoff müssen künstlich zugeführt werden, weil auch die Tätigkeit der Schluck- und Atmungsorgane gestört ist. Kontakt- oder Kommunikationsmöglichkeiten sind ausgeschlossen.

Was bedeutet solch ein Kind für die Eltern, wie erleben sie z.B. einen Besuch in der Anstalt, wo ihr Kind in Pflege ist?

– (Mutter) Wir selber haben natürlich insofern immer was davon: wir sehen unser Kind wieder. Und wir haben uns eigentlich mit der Tatsache abgefunden, daß es nie reagiert.

(Vater) Man sagt sich: es ist und bleibt dein Kind, und du willst doch sehen, wie es ihm geht.

Wenn Sie sich auf den Weg zur Anstalt machen, ist dann vielleicht ein Gefühl der Beklemmung da, oder freuen Sie sich darauf, daß Sie Ihr Töchterchen wieder sehen?

(Vater) Wenn ich allein gehe, dann verkrafte ich es ganz schlecht, dann kann ich es praktisch nicht; doch wenn meine Frau dabei ist, fühle ich mich ganz ruhig. Aber meine Frau überfällt, sobald ich hier am Eingang läute, ein Gefühl der Beklemmung: da sind wir wieder, wie wird es sein?
(Mutter) Ja, das ist undefinierbar, dem kann man sich auch nicht zwischendurch entziehen, und das fängt eigentlich schon zuhause an, morgens ehe man ins Auto steigt. Das ist etwas ganz Merkwürdiges.

Aber Sie möchten das Mädel nicht missen?

(Mutter) Nein, wirklich nicht, nein.

Denken Sie nie: eigentlich wäre es besser in der ganzen Situation, für Sie selber, und auch für das Kind, daß es nicht vorhanden wäre? Oder daß es besser wäre, wenn es nicht geboren wäre?

(Mutter) Daß es besser nicht geboren wäre, nie. Daß es nicht vorhanden wäre, auch nicht. Vorige Woche bekamen wir einen Anruf von der Schwester, daß unser Mädel sehr krank war ... und, äh, dann ist das Empfinden so stark und die Schreckreaktion so entsetzlich deutlich, daß man wieder genau weiß, was für eine starke Bindung zu diesem Kind besteht. Nüchtern betrachtet, unter anderen Umständen sage ich wohl: klar, in jeder Hinsicht wäre es besser, wenn es nicht mehr vorhanden wäre.
(Vater) Man lebt natürlich jahraus, jahrein mit dem Gedanken, daß sie uns mal Francientje wegholen. Jetzt, da sie so krank ist, würde ich mich wohl damit abfinden, wenn sie nicht mehr zu retten ist.

Wie alt ist Francientje jetzt?

(Mutter) Fast dreizehn.

Und was sagen die Ärzte? Kann sie noch lange am Leben bleiben?

(Mutter) Die anfängliche Prognose war, daß sie nicht älter als zehn Jahre würde. Körperlich hat sie eigentlich Bärenkräfte. Und wenn dies gut abläuft, diese Angina mit anschließender Lungenentzündung, dann kann es wieder eine ganze Zeit gut gehen, bis wieder eine Infektion kommt und wer weiß was sonst. Doch bei dieser optimalen Versorgung kann es noch lange gut gehen. Die Versorgung ist wirklich enorm, in einem Wort.

Wenn Sie die Nachricht bekämen, daß Francientje verstorben sei, wie würden Sie das aufnehmen?

(Mutter) Das ist schrecklich schwierig für mich. Ich würde, glaube ich, erst einmal ganz mächtig erschrecken, so wie das normal ist, und ich weiß ziemlich sicher, daß danach, und das erscheint mir ganz menschlich und ganz normal und ganz real, daß nach einer gewissen Zeit, vielleicht nach einigen Monaten, vielleicht nach einem halben Jahr, doch so etwas wie ein Aufatmen über einen kommt, etwa: das ist überstanden, für sie in erster Linie und für uns in zweiter Linie. –

In Holland befinden sich ungefähr 4500 schwer geschädigte Kinder in Pflege, davon sind etwa 1500 so schlimm dran, daß sie nicht oder kaum zu Gefühlsäußerungen und noch weniger zu irgendeiner Form von Kommunikation imstande sind. Eines dieser Kinder heißt Henri. Er war siebeneinhalb Jahre alt, als das folgende gefilmte Gespräch mit seinen Eltern geführt wurde.

– Wenn Sie ihn besuchen, haben Sie dann den Eindruck, daß Sie Kontakt mit ihm haben?

(Mutter) Nein, überhaupt nicht.

Sie haben keinen Kontakt mit ihm?

(Mutter) Nein, überhaupt nicht. Das liegt daran, daß ihm das Großhirn fehlt.
(Vater) Nein, er kann nicht sprechen.

Was sagte der Arzt eigentlich, als Henri geboren wurde?

(Vater) Daß das Kind ernstlich krank wäre. Es würde wahrscheinlich nicht länger als ein bis drei Tage leben.

Und jetzt lebt es schon siebeneinhalb Jahre?

(Vater) Jetzt lebt es schon siebeneinhalb Jahre.

Meinen Sie, es war richtig, daß Henri am Leben blieb, wie es in diesem Fall geschehen ist?

(Mutter) Es wäre vielleicht besser gewesen, er wäre bei der Geburt gestorben. Doch wie es jetzt in diesem Moment ist, jetzt möchte ich ihn nicht entbehren.

Doch Sie hätten es für besser gehalten, wenn Henri bei der Geburt hätte sterben können?

(Mutter) Ja, unserer Meinung schon.

Warum?

(Mutter) Die Last auf der Familie, die jetzt vorhanden ist, die wäre vielleicht in der ersten Zeit zu spüren gewesen, doch die wäre heute nicht so schlimm.

Ist sie in der Tat so schlimm?

(Mutter) Ja, die ist sehr schlimm. Die ist ganz schrecklich. Ich würde es auch niemand anderem wünschen, nein... Das ist wohl das Schlimmste, was einer Familie passieren kann. –

Gedanken an Euthanasie in bezug auf schwer geschädigte Neugeborene können kaum ausgesprochen werden, ohne gleich des Nazismus beschuldigt zu werden. Zu schmerzlich lebt noch die Erinnerung an die abscheulichen Praktiken des Hitler-Regimes, das die planmäßige Ausrottung von Schwachsinningen nicht bloß propagierte, sondern auch ausführen

ließ. Dessenungeachtet muß auch heute eine ehrliche Chance gegeben sein, die Frage zu stellen, inwiefern aus ganz anderen Gründen und aus anderen Motiven Euthanasie bei geistig wie körperlich stark geschädigten neugeborenen Kindern zu erwägen ist. Auf diese Frage antwortet Dr. van der Most, ehemaliger Direktor einer Anstalt für Schwachsinnige:
– Ich glaube, daß man, ohne es zu wollen, sich darauf zubewegt. Ich glaube, daß es einmal dazu kommen wird. Dabei ist es unbedingt nötig, daß sich in unserer Gesellschaft eine andere Mentalität entwickelt, wozu die verantwortlichen Leute beitragen müssen. Mit allem Nachdruck möchte ich betonen, daß der Mediziner nicht die Entscheidungsvollmacht über das frühere oder spätere Ende des Lebens ganz gleich welchen Menschens hat. Ich meine, daß der Mediziner wohl imstande ist, darüber zu urteilen, ob der Augenblick dazu gekommen ist. Doch die Entscheidung, dem Leben ein Ende zu bereiten, wird immer eine Frage des Zusammenspiels mit anderen Leuten sein, die auf andere Weise zuständig sind. Hierbei denke ich an den Juristen, den Geistlichen, den Soziologen, ich denke an den, der die Pflege vollzieht, ich denke an den Sozialarbeiter...

Sie sprechen jetzt eigentlich schon von einer Situation, in der Euthanasie ein akzeptierter Begriff ist?

Wenn alle diese zuständigen Leute gemeinsam zu der Feststellung gekommen sind, daß es in der Tat eine sinnlose Sache ist, das Leben dieses Menschen weiter auszudehnen, dann glaube ich, daß die Euthanasie in diesen Fällen, wenn sie also gut konditioniert ist, zu akzeptieren ist.

Wie hielten Sie es nun damit, während Sie praktizierender Arzt in dieser Anstalt waren? Versuchten Sie unter allen Umständen das Leben dieser Patienten zu verlängern?

Ich muß dazu voll und ganz Ja sagen. Die Atmosphäre in einer gut geführten Anstalt, wo diese Kinder betreut werden, ist so beschaffen, daß der Gedanke daran, das Leben eines solchen Kindes vorsätzlich zu beenden oder durch passive

Euthanasie ein Ende finden zu lassen, von allen Leuten, die in dieser Anstalt tätig sind, unbedingt verworfen wird. Es müßte sich also in der Mentalität dieser Leute sehr viel ändern.
Ich glaube, wenn man einem Pfleger aus einer solchen Anstalt in diesem Augenblick eine Spritze in die Hand drücken und ihm sagen würde: dem Leben dieses Kindes muß ein Ende gemacht werden, denn es ist unseres Erachtens sinnlos, der Pfleger würde sich ganz schön dafür bedanken. Ehrlich gesagt: auch ich bin in diesem Augenblick rational und moralisch und auch als Mensch noch nicht so weit, daß ich die Spritze in die Hand nehmen könnte.

Sie sehen das als Realität in der Zukunft voraus?

Ich glaube, daß man sich darauf zubewegt, doch ich bin froh, daß ich es noch nie habe tun müssen, und daß ich mir dies in meinem Leben wahrscheinlich auch nicht angewöhnen muß, denn ich halte das doch für eine schreckliche Geschichte. Eingreifen in die Existenz eines Wesens, wovon wir vielleicht keine Ahnung haben, warum es so lebt, warum es so ist. Ich frage mich, dürfen wir unsere Ehrfurcht vor dem Leben so reduzieren, daß man sich für berechtigt hält, derartige Eingriffe auszuführen? –

Aus der bereits erwähnten Publikation in „Medisch Contact" geht hervor, daß der Jurist Ekelmans auch Befürworter des Tötens von neugeborenem beeinträchtigten Leben ist.

– Was bezeichnen Sie, Dr. Ekelmans, präzise als beeinträchtigtes Leben?

Ich möchte darunter solches Leben verstehen, das in sich nicht die Möglichkeit hat, um sich später zu entfalten und ein Minimum von Lebensniveau zu erreichen. Was ich übrigens noch sagen wollte: es geht nicht so sehr darum, was wir als Eltern wollen. Wir tragen die Verantwortung für die Geburt. Doch im eigentlichen geht es darum, was für Möglichkeiten dem Kinde offen stehen. Nicht ob wir dem

Pflänzlein Wasser geben können, sondern ob das Pflänzlein das Leben zu genießen vermag. Wenn die Möglichkeit nicht gegeben ist, bringt es unsere Verantwortung mit sich, daß dieses Leben ein Ende findet. Ich will nicht so weit gehen, daß ich den Eltern dies zur Pflicht mache, aber sie müssen die Wahl haben und der Arzt muß in der Lage sein, ihnen zu helfen.

Um noch einmal auf Ihren Artikel in „Medisch Contact" zurückzukommen: Auch die Softenon-Babys fallen unter die Kategorie, von der Sie meinen, daß sie eigentlich bei der Geburt sterben sollten?

Ja.

Doch kürzlich war in einem Fernsehfilm zu sehen, wie fröhlich auch diese Kinder leben können. Diese Kinder hätten Sie demnach nicht am Leben gelassen?

Mich hat inzwischen schon das Bild eines Softenon-Babys in dem Buch von Prof. van den Berg betroffen gemacht. Das Kind wirkt außerordentlich intelligent. Doch ich halte es nicht für richtig, einen Standpunkt von so zufälligem Eindruck her zu beurteilen. Die Frage, ob ein beeinträchtigtes Leben weiter existieren soll, muß gestellt werden nach Maßgabe der Möglichkeiten in dem Moment, in dem die Entscheidung überhaupt erst getroffen werden kann. Wenn es in besonderen Fällen gut zu gehen scheint, dann kann man bloß dankbar dafür sein, doch rechtfertigt dies noch keine prinzipielle Entscheidung. Darum finde ich es sehr schwierig, ein Urteil über die Softenon-Kinder zu fällen, die ein paar Jahre alt oder schon älter sind, denn hier stehen dahinter Eltern oder Pfleger, die dieses Kind mit Liebe aufgezogen haben. Die die Enttäuschung bei der Geburt und die Frustrationen der Erziehung verarbeitet haben.

Aber wo ziehen Sie eigentlich die Grenze zwischen Leben, das sich zu entwickeln vermag, und Leben, das abzubrechen wäre? Haben Sie dafür ein Kriterium? Wo würden Sie eingreifen?

Ich habe für Erwachsene ein Kriterium. Das läßt sich entsprechend anwenden auf Kinder, auf Neugeborene je nach der Erwartung, die man für die Zukunft hegt.

Aber beispielsweise ein blindes Kind. Würden Sie ihm eine Chance geben? Einem Kind, das blind geboren wird?

Ich finde es besonders schwierig, hier eine Grenze zu ziehen und eine Liste aufzustellen mit Ja und Nein.

Sie neigen eher zum Nein, glaube ich...

Ich neige zum Nein, weil ich mir sage: Angenommen, ich wäre blind gewesen, würde ich mir dann dieses Leben gewünscht haben? Dann fällt es mir viel leichter, die Antwort zu geben. Doch wie gesagt, ich will die Entscheidung offen lassen. Ich will dies keinem zur Pflicht machen.

Meinen Sie, daß ebenso einem schon länger existierenden beeinträchtigten Leben ein Ende bereitet werden sollte? Dem Leben älterer schwer geschädigter Menschen?

Ich finde die Frage nicht schwieriger als bei ganz alten Menschen. Nach dem heutigen Stand der Wissenschaft wird ihre Situation, soweit ich sehe, sich ebenso wenig verbessern wie die der schwachsinnigen Alten.

Aber würden Sie einem solchen Leben ein Ende machen wollen?

Ja. Ich kann nicht einsehen, was für einen Sinn dieses Leben hat, außer als Objekt für die Betreuer. Doch es ist mir aus dem Herzen gesprochen, wenn Dr. van der Most sagt: Ich könnte so etwas nicht, und die Gesellschaft, in der wir jetzt leben, kann es schwerlich zustande bringen. Nur halte ich es nicht für richtig, dabei von einem Reduzieren des Lebens zu sprechen, ich würde es eher als ein Auslaufen des Lebens bezeichnen. –

Die Diskussion um die Euthanasie im Blick auf geschädigte Kinder kann in vielen Fällen auf das Problem der Abteibung

verlegt werden, da es seit einigen Jahren möglich ist, im Falle einer Schwangerschaft frühzeitig festzustellen, ob die Frucht Abweichungen verzeichnet. Ohne die Schwangerschaft zu beeinträchtigen oder zu unterbrechen, ist die Entnahme von Fruchtwasser möglich.
Die losgelösten Zellen, die man durch zentrifugale Behandlung aus dem Fruchtwasser isoliert, werden darauf untersucht, wieweit Abweichungen in der Zusammensetzung der Chromosomen vorliegen. Solche Untersuchung findet naturgemäß nur dann statt, wenn der starke Verdacht besteht, daß das Ungeborene nicht normal ist. Etwa im Zusammenhang mit erblichen Abnormitäten. Der abortive Eingriff ist dann möglich, wenn innerhalb der ersten zwölf Wochen der Schwangerschaft durch diesen Laboratoriumsbefund festgestellt ist, daß die Anzahl von Chromosomen nicht dem normalen Schema entspricht. Und die in der Regel ernstliche Abweichungen zur Folge haben wird.

– *Wenn solch eine Abweichung festgestellt ist, wird dann durchweg die Abtreibung ins Auge gefaßt?* (Diese Frage ist an Dr. Huizinga, den Direktor des anthropobiologischen Instituts der Rijksuniversität in Utrecht, gerichtet.)

Gehen wir davon aus, und das ist erst seit kurzem möglich geworden, daß eine solche Untersuchung in den ersten zehn, acht bis zehn, zwölf Wochen der Schwangerschaft erbeten wird. Eine Untersuchung wäre sinnlos, wenn sie ohne Konsequenzen bliebe. Diese Art von Vergewisserung verlangt Maßnahmen, sonst ist sie sinnlos. Daß wir so eine Untersuchung vorzugsweise in der frühen Schwangerschaftsphase vornehmen, in der einfach noch der Eingriff möglich ist, zielt ja gerade auf den Eingriff ab.

Meinen Sie, daß jede abnorme Frucht den Eingriff verlangt?

Wissen Sie, was ich meine, ist herzlich wenig interessant. Interessant ist, was die Mütter wollen, die diese Untersuchung wünschen.

Aber Sie nehmen die Indikation zu einem bestimmten Moment vor.

Selbstverständlich. Wir machen diese Untersuchung mit dem Hintergedanken der Möglichkeit des Eingriffs. Die Mutter ist gewöhnlich auf den Beinen, sie liegt nicht im Bett, sie ist gesund, sie weiß, was sie wünscht – wie kann man einer solchen Mutter sagen: alles in Ordnung, dies ist ein Kind, so wie Sie es gerne haben wollten – dann ist es sinnlos, was zu sagen, wenn man nicht implizit den Eingriff ins Auge faßt. Der Gedanke, der dahinter steht, ist der, daß sich uns Leid zu erkennen gegeben hat und daß wir dem zuvorkommen wollen, daß es zum Leid kommt.

Sie nennen das Leid, aber ich könnte mir vorstellen, daß sich Eltern finden lassen, die sehr glücklich sind mit solch einem Kind, mit so einem schwachsinnigen Kind – dann kann es offenbar doch auch eine positive Funktion haben?

Ja, aber ein Kind ist doch keine Tube Klebstoff, daß man von ihm sagt: es wirkt auf andere so gut, es hält Eheleute zusammen oder es verändert Situationen in einer Familie. Wenn man normalerweise dieses Produkt der Fortpflanzung betrachtet, wenn man also die Chromosomen untersucht – denn ich brauche das Kind überhaupt nicht, um eine verläßliche Diagnose zu erlangen –, dann scheint es mir eine ganz saubere und moralische Auffassung zu sein, wenn man feststellt: dies sollte eigentlich nicht existieren. Und in unserem Context sagen wir dann: dies sollte eigentlich nicht geboren werden.

Es liegt sicher außerhalb Ihres Fachgebiets, nehme ich an, doch wenn so ein Kind mit Abnormitäten zur Welt kommt, würden Sie dann, nach Feststellung des Tatbestandes, das Kind töten?

Wenn die Untersuchung nicht möglich gewesen ist, dann steht man mit dem Rücken gegen die gleiche Wand.
In diesem Falle meine ich, daß man dieses Continuum, wie

ich es sehe, mit einer zufälligen Unterbrechung bei der Geburt, akzeptieren muß. Ich kann nicht auf der einen Seite mich sagen hören, daß ich beim Erkennen einer angeborenen oder erblichen Abweichung – sei es unter dem Mikroskop oder anderswie – zum Schwangerschaftsabbruch raten sollte, um dann auf einmal, wenn das Kind geboren ist, meinen Mund zu halten. Mir scheint dies Heuchelei, deren ich mich nicht schuldig machen will.

Und Sie machen dabei keinen Unterschied zwischen – sagen wir – einem äußerst idiotischen Kind und einem schwachsinnigen Kind minderen Grades?

O doch, doch. Sehen Sie, für uns als Vererbungsfachleute ist ein krummer kleiner Finger schon eine erhebliche Sache. Doch davon können Sie unmöglich ausgehen. Zwischen abnorm und abnorm gibt es gewaltige Unterschiede. Aber es ist mir in meinem Leben nicht entgangen, daß ich beim Anblick eines Idioten starken Grades immer das gleiche denke, und ich glaube nicht, daß das morgen anders sein wird. Ich meine, wenn es eine vermeidbare Sache ist, und darum geht es mir eigentlich, daß es dann auch vermieden werden sollte; und nochmals, die Heuchelei im Moment der Geburt, die gestatte ich mir nicht.

Sie sind ein ausgesprochener Befürworter der Euthanasie zu Beginn des Lebens?

Ich bin ein ausgesprochener Befürworter des Vermeidens von vermeidbarem Leid. –

Die dritte Kategorie

Zu denen, um die es geht, zählen vor allem auch diejenigen, die unheilbar krank sind und heftige Schmerzen erleiden. Ihr Zustand kommt an mehreren Stellen in diesem Buch zur Sprache – vor allem das zweite Kapitel handelte von einer Patientin dieser Kategorie. Somit kann diese Gruppe in diesem Kapitel weiterhin unbesprochen bleiben, wiewohl sie ausgesprochenermaßen dazu gehört.

4 DIE ANDEREN

– die dabeistehen

Im Jahre 1962 setzte das französische Fernsehen eine Sendung über Euthanasie ab, an der zwei hervorragende Journalisten monatelang intensiv gearbeitet hatten. Anlaß war der Brief einer krebskranken Frau, die wußte, daß sie bald sterben würde. Mit sehr gefühlsbetonten Worten bat sie flehentlich darum, auf die Sendung zu verzichten. Die für das Programm Zuständigen waren von diesem Brief so beeindruckt, daß sie auf die Bitte eingingen. Die Sendung wurde abgesagt.

Auch bei uns sind während der Vorbereitung und Herstellung der Euthanasie-Programme wiederholt Briefe mit der dringenden Bitte eingegangen, die Sendereihe abzubrechen – aber nie von Patienten oder deren Angehörigen. In erster Linie kamen sie von Menschen, die wegen ihres Glaubens oder auf Grund von Erfahrungen aus der Kriegszeit Bedenken äußerten. Einmal kam ein Anruf, in dem mitgeteilt wurde, man würde uns alle Fensterscheiben einwerfen, falls die Sendung drankäme. Glücklicherweise ist jedoch das schöne Haus am Schuttersweg in Hilversum verschont geblieben.

Jede Menge Proteste. Aber die Briefe, die Lob und Anerkennung ausdrückten, waren weit in der Überzahl. Aus allen Reaktionen ging hervor, daß das Thema Euthanasie die Menschen zutiefst bewegt. Nach jeder Sendung saßen zwei Mitarbeiter am Telefon, um Menschen zur Verfügung zu stehen, die noch über das Thema sprechen wollten. Vor allem fiel die große Zahl der Reaktionen von direkt Betroffenen auf: Eltern geistig behinderter Kinder, Söhne und Töchter psychisch veränderter alter Menschen, Familienangehörige unheilbar Kranker, manchmal auch von Schwerkranken und sogar von Schwerstbehinderten.

Eltern

„Wir sind eine Durchschnittsfamilie. Allerdings mit einer Ausnahme. Und diese Ausnahme betrifft unseren Sohn, der geistig behindert ist. Ich würde ja gern mit Eltern in Kontakt kommen, deren Kinder auch behindert sind und die noch ein paar Jahre nach der Geburt sagen: Hätte man ihm doch eine Spritze gegeben. Wir glauben an Gott. Das macht es uns leichter mit unserem Sohn. Aber es muß auch ohne Glauben zu machen sein. Denn hier geht es um etwas, was fundamental die Existenz eines Menschen antastet. Hier werden mit einer einzigen Spritze Liebe, Traurigkeit, Freude usw. weggespritzt..."

„Wir haben selber ein behindertes Kind, und ich kann Ihnen mit dem größten Nachdruck sagen, daß es unser kostbarster Besitz ist. Wirklich ein Engel, ein Botschafter des wahren Glücks..."

„Wir haben eine neunzehnjährige Tochter, die verkrüppelt geboren wurde (...). Gestern abend, als wir vor dem Fernseher saßen, weinte sie, als die junge werdende Mutter erklärte, sie sähe ihr Kind lieber sterben, als daß es auch so verstümmelt bliebe. (Der Filmausschnitt, um den es hier geht, ist in der Bearbeitung dieses Buches weggelassen. – H.M.) Adri fragte mich, ob ich damals auch so dachte. Und ich mußte ihr sagen, daß wir, als wir sie zum ersten Mal sahen, tatsächlich an so etwas dachten, daß wir aber jetzt Gott täglich um Vergebung bitten, weil Adri ein vollwertiges, glückliches Mädchen geworden ist. Ich schreibe Ihnen das, weil ich es am liebsten von den Dächern herabrufen möchte: Rettet die körperlich behinderten Kinder! Sie können vielleicht ein gutes Leben kriegen! Wir Menschen können das nicht voraussehen. Wir sind verpflichtet, ihnen die Chance zu geben..."

(Brief eines sechzehnjährigen Mädchens)
„Wenn ich daran denke, daß Euthanasie bei meiner Schwester Gerda, die geistig sehr behindert ist, angewendet werden sollte, bekomme ich Schüttelfrost. Gerda ist jetzt 22 Jahre alt. Oft vergleiche ich mich mit meiner Schwester, und dann schäme ich mich zutiefst. Sie ist so dankbar, so zufrieden, so fröhlich und vor allem so schrecklich lieb und doch ... so gebrechlich. Habe ich mit meinem guten Verstand, aber mit meiner Unzufriedenheit, mit meinem Egoismus und meiner Undakbarkeit nicht ein schrecklich großes Vorbild an ihr? Darum kommt es mir auch nie in den Sinn zu sagen: ‚Das Leben von Gerda hat keinen Sinn. Es wäre besser, wenn es sie nicht gäbe!' Ich bin davon überzeugt, daß Gott mit ihrem Leben eine Absicht verbindet, nämlich gesunden Menschen die wahre Liebe vor Augen zu stellen. Nicht umsonst hat Gerda in unserer Familie den Beinamen ‚Engelchen' bekommen. Ich bin jeden Tag aufs Neue froh, daß Gerda lebt, und unsere ganze Familie schaudert bei dem Gedanken, daß Euthanasie angewendet werden könnte und dürfte – bei unserem ‚Engelchen'..."

(Aus dem Brief einer Frau, die sich zuerst voll Freude der Zeit erinnert, da sie ihren geisteskranken Schwager in ihre Familie aufgenommen hatte, und dann fortfährt:)
„Es ist jetzt beinahe neun Jahre her, daß unser erstes Enkelkind geboren wurde. Als mein Schwiegersohn hereinkam, sagte er, wir haben eine Tochter, aber es ist mit ihr etwas nicht in Ordnung, ich habe sie schon ins Krankenhaus gebracht. Es war mir, als wenn ich in eine tiefe dunkle Grube stürzte. Ich setzte mich an den Tisch, stützte den Kopf in die Arme und wiederholte in meinen Gedanken nur den einen Satz: Jetzt mußt du still sein vor Gott und nicht fragen warum. Ich weiß nicht, wie oft ich das wiederholt habe, aber dann war es still. Zusammen mit meinem Schwiegersohn bin ich zu meiner Tochter gegangen. Ich kann mich nicht daran erinnern, daß wir unterwegs miteinander gesprochen hätten, denn wir hatten beide ziemlich damit zu tun, mit

uns selber fertig zu werden.
Schweigend umarmte ich meine Tochter, da sagte sie plötzlich: ‚Onkel Adam war auch glücklich; wenn mein Kind am Leben bleibt, wird es auch glücklich sein können.' Onkel Adam hatte nicht umsonst gelebt, durch ihn gab's für sie auf einmal einen Lichtblick, für den zu kämpfen sich lohnte.
Der Hausarzt gab dem Kind nur ein paar Stunden, höchstens ein paar Tage. Aber als es am fünften Tag noch lebte, bin ich hineingegangen. Sein Kinn war ganz nach innen verschoben, an seinem Hinterkopf hing eine Geschwulst, der Mund stand weit offen, und bei jedem Atemzug piepste es sehr laut. Ich kann nicht beschreiben, was in mir vorging, als die Schwester mir dieses Kind in die Arme legte. Aber eins wußte ich ganz genau: Das war mein erstes Enkelkind, das ich schon in diesem Augenblick unendlich liebte. Nach fünf Wochen holte meine Tochter das Kind nach Hause, sie wollte es selbst versorgen. Ein Jahr lang hat sie es mit der Sonde gefüttert. Nach einer Operation hat sie dem Kind mit unendlich viel Geduld das Essen beigebracht. Vier Jahre lang ist sie mit ihm zur Sprachheilschule gegangen, aber weil der Mund nicht zugeht, kann das Kind viele Konsonanten bis heute noch nicht formen. Mit sieben Jahren ist das Mädchen ganz normal in die Volksschule gegangen und ist jetzt in der zweiten Klasse, liest und zeichnet gern, ist immer guter Laune und über ihre Behinderung wird nie gesprochen.
Vor zwei Jahren wurde in der Familie meines ältesten Sohnes ein mongoloides Kind geboren. Mein Mann und ich, wir lagen uns einen Abend lang in den Armen und weinten uns aus. Dann haben wir zueinander gesagt, diesen Weg sind wir früher auch schon gegangen, es gibt keinen anderen als das Kind anzunehmen, so wie es ist. Gott gab das Manna in der Wüste nur für einen Tag. Und mit behinderten Kindern muß man jeden Tag das genießen, was man hat, und für den, der die Augen aufmacht, ist es unendlich viel.
Ich bin fest davon überzeugt, wenn wir die Sorge für die Hilfsbedürftigen von unserem Leben fernhalten, dann wird dieses Leben kalt und frostig, ganz und gar egoistisch. Ich

habe das Gefühl, wenn wir diese Form des Leides aus unserem Leben verbannen, kommt es auf andere Weise doch wieder über uns. Lieber berge ich mich bei Ihm, der die Macht hat, Traurigkeit in Freude zu verwandeln..."

Diese sowie viele andere Briefe zeigen: Es ist in jedem Fall genügend deutlich geworden, daß es in der Fernsehserie hauptsächlich um zutiefst gestörtes Leben ging, mit dem Kontakt und Kommunikation nahezu vollkommen ausgeschlossen sind. Wer eine solche Situation aus eigener Erfahrung schildern konnte, hatte normalerweise ein anderes Urteil – so wie die Mutter, die acht Monate zuvor Zwillinge zur Welt gebracht hatte: der Junge war genauso hübsch und gesund wie sein zwei Jahre älteres Schwesterchen, aber das Mädchen wurde mit einem Wasserkopf geboren. In der Fernsehserie erzählt die Mutter:
– Wir haben gleich zu Anfang schon gesagt, denn wir begriffen, daß es ein sehr schwer geschädigtes Kind ist, daß wir nicht wollen, daß es behandelt wird, weil da nichts Wesentliches zu retten ist. Es wäre eigentlich das Beste, daß es so kurz wie möglich lebt. Aber das ist in der Welt der Medizin anscheinend ein sehr schwieriges Problem. Offenbar geht das nicht.

Wie hat man reagiert? Wahrscheinlich haben Sie mit dem behandelnden Arzt darüber Gespräche geführt. Wie verlief so ein Gespräch?

Solche Gespräche verlaufen eigentlich sehr merkwürdig. Wir sagten jedesmal: Hoffentlich dauert es nicht lange, je kürzer desto besser. Und obwohl ich persönlich eigentlich davon überzeugt bin, daß viele Eltern so denken, wird es offenbar zum Arzt nicht gesagt und wird er kaum je darum gebeten. Und das Komische ist, daß unheimlich viele Ärzte sagen: „Tja, hören Sie, wenn *ich* so ein Kind hätte, würde ich genau so denken wie Sie, dann würde ich auch das wollen, was Sie wollen." Aber sie stecken in diesem medizinischen Apparat drin, in dieser medizinischen Ethik, und also geht's nicht. Es

gibt eine Operation für diese Art Kinder, sie können so einen Kopf operieren, dadurch wächst er nicht so abnorm weiter. Diese Operation wird einfach gemacht, wenn man nichts sagt.
Wir haben gesagt, daß wir diese Operation nicht haben wollen, weil es ja doch indirekt eine lebensverlängernde Operation ist. Außerdem bedeutet das ein ewiges Herumoperieren, beim ersten Mal glückt es beinahe nie, und wenn man damit anfängt, muß man natürlich auch weitermachen. Immerhin muß ich sagen, daß unsere Entscheidung von allen Ärzten sofort respektiert worden ist. Aber man merkt natürlich, daß jeder von den Ärzten viel lieber behandeln würde. Dann bliebe die Unterhaltung auch besser im Fluß, stimmt doch, oder? Man hat etwas getan und man kann darüber reden.

Wie lange wird Ihr Kind am Leben bleiben?

Das ist total im Dunkeln. Und zur Zeit, das ist schon ein bißchen ein Problem für uns, leben die Kinder unheimlich lang, viel zu lange nach unserer Meinung. Mit all den Antibiotika und künstlicher Ernährung und den ganzen Sachen wird das Leben unheimlich verlängert.

Stellen Sie sich manchmal die Frage, was der Sinn des Lebens bei so einem Kind ist?

Diese Frage stelle ich mir nicht, was der Sinn des Lebens bei so einem Kind ist, ich bin aber schon davon überzeugt, daß es einen bestimmten Sinn hat. Aber ich finde es falsch zu sagen, daß darum das Leben verlängert werden muß; weil wir so lange wie möglich leben wollen, müßten wir auch diese Kinder so lange wie möglich leben lassen. Ich finde, bei so einem Kind, das dermaßen gestört ist, daß es also überhaupt nichts kann, es kann nichts lernen, es will auch nichts lernen, weil sowas einfach gar nicht drin ist, bei so einem Kind ist eigentlich schon bei der Geburt alles bekannt. Ich selber hatte in diesem Moment das Gefühl, daß ich das Kind verteidigen muß. Verteidigen gegen die Auffassung, es hätte Sinn, daß das Kind länger lebt als von der Natur vorgesehen. Manche dieser Kinder werden neun, zehn und noch viel mehr Jahre alt, da gibt es keine Grenze. Der erste Tag ist genauso wie der tausendste und der zehntausendste. Die Zeit gibt es für diese Kinder eigentlich nicht. Was für uns so wichtig ist – noch einen Tag oder noch ein Jahr vor uns zu haben, um noch dies und das tun zu können, das haben diese Kinder nicht.

Wäre es Ihnen möglich gewesen, den Arzt unmittelbar nach der Geburt zu bitten, daß er dem Kind eine Spritze gibt, so daß es nicht weitergelebt hätte?

Nein, nein. Das will ich keinesfalls. Nein. In gewissem Sinn bin ich eigentlich sogar sehr froh, daß ich es kenne. Selbst wenn ich vor der Geburt gewußt hätte, daß da etwas nicht in Ordnung sein würde, und ein Schwangerschaftsabbruch vorgeschlagen worden wäre, dann kann ich nicht einmal jetzt im Nachhinein sagen, daß ich wollte, es wäre gemacht worden. Ganz und gar nicht. Es ist ein sagenhaft schönes und liebes Kind, mit dem einfach ein Unglück passiert ist und das man nicht mehr retten kann. Es handelt sich ja hier nicht um ein Leben, von dem man sagen könnte: das muß weg. Ich finde, daß man das mit diesen Kindern nicht tun soll. Es bringt doch eine bestimmte Einsicht, eine bestimmte Dimension mit sich, die man sonst nicht hätte. Aber ich wehre mich dagegen zu sagen, es müßte also auf alle Fälle am Leben gehalten werden. Nein, das muß es nicht. Das haben wir jetzt gesehen. –

Die Kritik, die diese Mutter an den Ärzten übt, die, wenn man nichts sagt, weil man nicht Bescheid weiß, „es halt tun", wiederholt sich in verschiedenen anderen Reaktionen auf die Fernsehsendungen:
„Ihr Programm haben wir mit großem Interesse angesehen. Wir haben einen Sohn, der mit einem offenen Rücken geboren wurde und innerhalb von 24 Stunden nach der Geburt operiert werden mußte. Zwei Monate nach der Operation wußten wir, daß wir nicht zugestimmt hätten, wenn wir gut

und objektiv aufgeklärt worden wären. Wir haben allen Ärzten, die mit unserem Sohn zu tun hatten, den Vorwurf gemacht, daß sie sich die Folgen ihrer Handlungen nicht überlegen und rein medizinisch-technisch denken!"
In einer späteren Fernsehsendung antwortet jene Mutter des ca. vier Jahre alten, stark behinderten Kindes auf die Frage, ob sie ihren Sohn jetzt noch entbehren wolle:
– Das ist etwas, was man nur im Augenblick der Geburt sagen kann. Jetzt sind wir der Meinung, daß er so vergnügt wie möglich leben soll und keinen Operationen unterzogen werden darf, von denen er selber eigentlich keinen Vorteil hat. –

Neben dieser Mutter sitzt auf der Tribüne im Studio eine Frau, die uns Folgendes geschrieben hat:
„Unser Kind wurde geboren und alles war in Ordnung. Nach acht Tagen stellte sich heraus, daß nur das halbe Herz vorhanden war. Ich war selber Krankenschwester; ich wußte, wie das zukünftige Leben dieses Kindes verlaufen würde (inzwischen war eine Hirnverletzung dazugekommen). An ihrem Sterbebettchen im Krankenhaus bat ich: ‚Schwester, stellen Sie doch den Sauerstoff ab, je eher sie gehn darf, desto besser für *sie* und für uns.'
Es war schwer für uns, als sie am neunten Tag heimging. Die Ärzte hätten sie retten können, aber sie fanden es besser, das nicht zu tun. Wir danken Gott, daß er sie vor vielen Schmerzen bewahrt hat. Aus Liebe zu meinem Kind und wegen meiner Familie bin ich dafür, solch ein schwaches Leben abzubrechen. Eltern, die ein behindertes Kind, vor allem ein geistig behindertes Kind, am Leben lassen, sind grosse Egoisten. So hätten wir auch werden können."
So ein egoistischer Elternteil müßte dann der Mann sein, der auf der Tribüne in derselben Reihe sitzt. Er ist der Vater eines elfjährigen geistig stark behinderten Mädchens. Erst ein Abschnitt aus seinem Brief, dann das Interview mit ihm.
„Sie war etwa zwei Jahre alt, als wir entdeckten, daß sie sich geistig nicht gut entwickelte. Es hat dann noch ein paar Jahre gedauert, bis wir wußten, wie schlimm es war. In die-

ser Phase entsteht eine stärkere Bindung an solch ein Kind. Glücklicherweise war auch sie, soweit ihre Möglichkeiten es zuließen, mit ihren Eltern verbunden, und dann kämpft man für dieses Kind. Im Augenblick lebt sie ganz glücklich in einer Anstalt.“

– Aber hier kann doch von Kommunikation kaum die Rede sein?

Nicht viel, aber was da ist, ist für die Eltern viel wert. (Auf diese Bemerkung reagiert ein anderer Vater mit den Worten: „Für mein Gefühl schwingt da ein Stück Egoismus mit“, worauf der Vater des elfjährigen Mädchens fortfährt:) Mein Hauptmotiv ist: Solange diese geistig schwerbehinderten Kinder noch einigermaßen positiv auf eine liebevolle Betreuung reagieren – ich sage ausdrücklich liebevolle Betreuung –, dürfen wir ihr Leben nicht abkürzen. Das wäre Mord.

Sie erwähnten jetzt Euthanasie. Aber gesetzt den Fall, daß Ihr Kind krank wird, daß diese oder jene Komplikation auftritt, z.B. eine Lungenentzündung, würden Sie dann die spezielle medizinische Behandlung, die das Mädchen braucht, um am Leben zu bleiben, abweisen? Also passive Euthanasie?

Ich muß gestehen, daß ich über so etwas nachgedacht habe, ehe unser Kind – es war damals sechs Jahre alt – eine Lungenentzündung mit Komplikationen bekam. Aber wenn sie so etwas dank der Behandlung im Krankenhaus überlebt hat, denkt man wieder anders darüber. Wenn wir den geistig Beschränkten nicht dieselben Chancen in der medizinischen Versorgung geben wie denen, die geistig auf der Höhe sind, dann diskriminieren wir sie. Wir diskriminieren dann eine wehrlose Minderheit.

Das Sophia-Kinderkrankenhaus in Rotterdam ist eine Abteilung der Universitätsklinik und fungiert als Behandlungszentrum u.a. für stark behinderte Kinder. Dr. Pieterse, der an diesem Krankenhaus arbeitet, nahm an der dritten Fernsehsendung über Euthanasie teil.

– Begegnen Ihnen ab und zu Fälle, bei denen Sie im Zweifel sind und sich die Frage stellen: Soll ich behandeln oder soll ich nicht behandeln?

Wenn einem ein Patient überwiesen wird oder man bei einem Neugeborenen bedenkliche angeborene Abweichungen feststellt, dann ist es tatsächlich die Frage: Kann man durch Behandlung noch etwas ändern, ja oder nein? Aber normalerweise behandelt der Arzt in erster Linie, weil das Behandeln seine Aufgabe ist.

Kommt es vor, daß Sie nach vielen Jahren so ein Kind wiedersehen – ich meine ein schwer gestörtes Kind – und daß Sie dann sagen: Nein, hätte ich doch dieses Kind lieber nicht behandelt, es wäre besser gewesen für das Kind selber und für die Familie, wenn es nicht behandelt worden wäre?

Ich empfinde das als schwierige Frage. Was meinen Sie übrigens mit behandeln? Meinen Sie damit einen intensiven klinischen oder medikamentösen Eingriff, oder meinen Sie damit, daß wir als Ärzte dieses Leben, das da ist, soviel wie möglich stützen? Es gibt da eine ganze Reihe von Abstufungen, und wenn ein solches Kind geboren wird und der Arzt dabei ist, wird er sein Bestes tun, um das Leben, das gerade in seine Hand gelangt ist, so gut wie möglich zu versorgen.

Aber es gibt doch den Fall, daß ein Kind, wenn es medizinisch intensiv behandelt wird, länger lebt, also ein längeres gestörtes Leben hat. Wenn man es nicht behandelt, stirbt es dann nicht früher?

Ich denke, daß der Arzt, wenn er eine deutliche Chance hat, durch Behandlung den Zustand des Kindes zu verbessern, dies sicherlich immer tun wird. Und wenn das nicht möglich ist, müßte man annehmen, daß der Arzt dem Sterben nicht im Weg stehen will. Wenn er jedoch das Leben beendete – nein, das schiene mir nicht recht.

Kommen Sie ab und zu in Einrichtungen für Schwachsinnige, wo diese Art von Kindern betreut wird? Wo geistig stark behinderte Kinder versorgt werden?

Ja, in der Tat, und das ist eigentlich etwas Schreckliches. Ich habe selber die Aufsicht über ein Tagesheim, in dem schwerbehinderte Kinder betreut werden. Ich bin voll Bewunderung über die Art, wie das getan wird, aber ich fühle mich meist unausgefüllt, wenn ich dort bin. Ich würde gerne eine ganze Reihe von Dingen tun, aber ich kann es nicht.

Finden Sie, wenn Sie das dürftige Leben der dort betreuten Kinder sehen, daß die Ärzte damals bei der Geburt einen Fehler gemacht haben?

Nein, das finde ich keinesfalls. Ich meine, daß der Arzt, der ein Kind zur Behandlung bekommt, versuchen muß, es nach bestem Wissen zu behandeln. Und viele Kinder, deren angeborene Abweichungen jetzt gut behandelt werden können, hatten vor 20 Jahren keine solche Behandlung bekommen können. Wären die Ärzte vor 20 Jahren dem negativ gegenüber gestanden, wären wir heute vielleicht nicht weiter als damals. Dank der Bemühung der damaligen Ärzte ist jetzt eine gute Behandlung der Kinder möglich.

Herr Doktor, glauben Sie, daß es sinnloses Leben gibt?

Darauf weiß ich keine Antwort.

Wenn Sie diese Kinder sehen, die jede Kommunikation entbehren müssen, welchen Sinn können Sie dann ihrer Existenz abgewinnen?

Ich bin darüber einfach sehr traurig und ich wollte, daß eine solche Existenz aufhörte, aber daran kann ich mich nicht aktiv beteiligen.

Haben Sie schon einmal ein Kind behandelt, das ohne Gehirn geboren wurde, ein sogen. anenzephales Kind?

Ja, ganz am Anfang meiner Tätigkeit habe ich eine Geburt geleitet, durch die ein anenzephales Kind zur Welt kam; das hat mich damals sehr schockiert. Das hatte ich noch nie mitgemacht. Die Großmutter, die dabei war, eine kluge Frau vom Land, nahm das Kind gleich mit, sobald es abgenabelt war. Es hatte kein deutliches Lebenszeichen von sich gegeben und wurde deshalb sofort getauft. Die Großmutter gebrauchte dabei die Formel: Wenn du Mensch bist, so taufe ich dich. Ich denke, daß dem ein mittelalterliches Empfinden zugrunde lag: Das ist ein Monstrum, eine Art Teufel.

Als Sie das sahen: Empfanden Sie das als sinnloses Leben?

Ich war dadurch schockiert, aber ob dieses Leben sinnlos war – diese Frage ist mir nicht gekommen. –

Pflegepersonal

Sechs Tage nach der dritten Fernsehsendung über Euthanasie (am Freitag, dem 18. Februar '72) füllt sich das Kongreßgebäude der Utrechter Messe mit Angehörigen der Pflegeberufe, Mitgliedern der Niederländischen Christlichen Vereinigung des Pflege- und Pflegehilfspersonals. „Leben um jeden Preis – Leben zu welchem Preis" lautet das Tagungsthema – ein geschickt gewählter Euphemismus für Euthanasie. Der riesige Saal ist bis zum letzten Platz besetzt. In den Gängen und sogar auf dem Podium hocken die Krankenschwestern und Pfleger dicht gedrängt, um zu hören, was drei Fachleute zum angekündigten Thema zu sagen haben. Eingeladen sind der Gerontologe Prof. Schreuder, der Ethiker Dr. Sporken und der Jurist Dr. Rang. Stimmung und Farbe im Kongreßsaal werden hauptsächlich durch ein hellgelbes Flugblatt bestimmt, das am Eingang an alle ausgeteilt wurde. Es handelt sich um den öffentlichen Protestbrief, den die Niederländische Vereinigung des Pflege- und Pflegehilfspersonals an die Programmdirektion der Fernsehgesellschaft aufgrund der inzwischen ausgestrahlten Euthanasie-Programme gesandt hat. In diesem Brief heißt es u.a.:
„Als christliche Angehörige des Pflege- und Pflegehilfspersonals glauben wir, aufgrund des biblischen Menschenbildes

die aktive Euthanasie, wie sie in Ihrem Programm zum Ausdruck gekommen ist, ablehnen zu müssen." „Wir sind uns der Tatsache bewußt, daß die medizinischen Chancen, das Leben eines Menschen zu erhalten, größer geworden sind, als die ökonomischen Möglichkeiten es zulassen. Von unserer christlichen Lebenshaltung aus haben wir große Bedenken dagegen, dieses Problem durch aktive Euthanasie aufzulösen."

Stil und Inhalt des restlichen Briefes verhehlen nicht, daß die N.C.V.V.V. jede Form aktiver Euthanasie unbedingt ablehnt. Aufgrund dessen hätte man erwarten können, daß die Resolution am Ende des Kongresses dieselbe absolute Ablehnung enthalten würde. Das scheint jedoch nicht ganz der Fall zu sein, zumindest nach einem Bericht in der Zeitung „Trouw", der die folgende Resolution enthält: Passive Euthanasie, d.h. der Verzicht auf eine lebensverlängernde Handlung, kann akzeptiert werden, sofern bestimmte Voraussetzungen gegeben sind. Aktive Euthanasie, d.h. ganz direkt das Leben eines Menschen beenden, z.B. durch eine tödlich wirkende Injektion, kann nur in ganz seltenen Ausnahmefällen akzeptiert werden.

Die Formulierung dieser Resolution ist vermutlich durch das, was Dr. Sporken zuvor auf dem Kongreß ausführte, beeinflußt worden:

„Es kann geschehen, daß die, die mit dem Sterbensprozeß eines Patienten zu tun haben, wirklich alles, was ihnen möglich ist, tun, um ihm zu helfen, daß aber dieser Sterbensprozeß die Kräfte des Patienten einfach übersteigt und er ihn darum verkürzen will. In der Situation, die ich meine, ist ein Mensch soweit, daß er sterben kann, er muß aber erst einen Niedergang mitmachen, den er nicht mehr zu verarbeiten vermag. Mit anderen Worten, der Patient kann durch das Erschreckende seines Sterbensweges nicht mehr er selber sein. Ich habe den Eindruck, daß man es in solchen Situationen ethisch verantworten kann, die letzte Phase seines Sterbensprozesses durch aktives Eingreifen drastisch zu verkürzen. Ich meine, dies als gläubiger Mensch vertreten zu

dürfen in der Überzeugung, daß man die Verantwortung gegenüber dem Herrn über das Leben nicht nur auf die Dauer des Lebens beschränken darf, sondern sogar den Hauptakzent auf die Qualität bzw. die menschlichen Aspekte des Lebens legen muß."
Der Protestbrief der N.C.V.V.V. ist zwar in ehrlicher Entrüstung geschrieben worden, aber mit zu wenig Objektivität, zu wenig Gefühl für Nuancen und zu wenig Bereitschaft, sich die Fernsehsendungen sorgfältig genug anzuschauen. Dieser Eindruck verstärkt sich, wenn man über dieses Thema mit anderen Angehörigen der Pflegeberufe spricht.

Ins Fernsehstudio wurden auch drei junge Leute eingeladen, die die Krankenpflegeschule in Nimwegen besuchen.

– Haben Sie sich schon einmal die Frage nach dem Sinn eines dermaßen dürftigen Lebens gestellt – Leben, das keinerlei Fähigkeit zu Kontakt oder Kommunikation mitbringt?

(Pflegeperson 1) Ja, darüber denkt man von selber nach, wenn man solche Kinder pflegen muß, und ich habe mich schon oft gefragt: Hat das einen Sinn? Soll ich das wirklich machen? Ist es richtig, daß ich dieses Kind, das so einen Leidensweg hat, pflegen muß? Das ist eine sehr schwere Frage für mich.

Was für eine Alternative könnte es da geben? Haben Sie sich darüber schon Gedanken gemacht?

Die Alternative wäre, daß ich nichts mache, und das heißt, daß das Kind stirbt.

Hatten Sie schon einmal einen Fall, bei dem Ihnen dieser Gedanke durch den Kopf ging?

Doch. Das war ein Kind, mit dem überhaupt keine Beziehung mehr möglich war. Man hatte auch nicht den geringsten Kontakt mit ihm. Das Kind lag da und – tja, man führte die üblichen pflegerischen Handgriffe aus, aber zu mehr kam man nicht. Und ich glaube, daß dies die Pflege erschwerte – so habe ich es jedenfalls empfunden. Es war auch eine Gewissensfrage für mich: Muß ich das tun? Ich glaube nicht.

Und was ist Ihre Meinung? Sie besuchen ja auch die Schule. Sind Sie derselben Meinung?

(Pflegeperson 2) Nun ja, ich finde, wenn man solche Kinder pflegt, dann tut man das mit einer tief gegründeten Ehrfurcht vor dem Leben. Was mir in der Diskussion über Euthanasie eigentlich auffällt, ist, daß man bestimmte Gruppen isoliert, besonders die schwachsinnigen Intensivpflegefälle und die psychisch veränderten alten Menschen. Und dann habe ich Angst, daß wir schließlich eher über das Recht auf Leben reden, als über das Recht auf Sterben, das meines Erachtens doch der Kern des Euthanasieproblems ist. Dabei taucht von selbst die Frage auf: Was heißt Leben? Darauf habe ich keine fertige Antwort. Ich weiß nur, daß wir vorsichtig sein müssen, wenn wir versuchen, die Kriterien, die wir für unser Leben haben, ohne weiteres auf das Leben von schwachsinnigen Intensivpflegefällen und psychisch veränderten alten Menschen zu übertragen. Da scheint mir in dieser Diskussion die Gefahr zu liegen. –

Diesen drei Angehörigen der Pflegeberufe wird anschließend ein Stück eines Films aus dem Interview mit der Mutter des Wasserkopfkindes gezeigt (s. S. 64f.). Die Mutter antwortet auf die Frage, wie sie die Betreuung durch das Pflegepersonal der Einrichtung, in der ihr Baby ist, einschätzt:
– Man kommt gar nicht aus dem Staunen über die Krankenschwestern heraus, die diese Kinder betreuen. Die Natürlichkeit, in der sie mit diesen Kindern umgehen, die Liebe, die sie für sie aufbringen und die über jeden Zweifel erhaben ist – wir müssen dem Himmel dafür danken, daß es Frauen gibt, die das zu ihrer Sache machen. Nur, wenn wir sagen: nicht länger als nötig – dann werden sofort die Schwestern geholt und dann heißt es: Ja, aber die Schwestern, die jeden Tag mit den Kindern zusammen sind, machen tatsächlich doch noch soviel Erfahrungen mit den Kindern, wovon Sie

gar keine Ahnung haben – die Schwestern wollen das, was was Sie da gesagt haben, keinesfalls hören. Ernstens lasse ich mir nicht einreden, daß die Schwestern einen tiefergehenden Kontakt mit den Kindern haben als ich, auch wenn sie die Kinder jeden Tag sehen und ich nur einmal in soviel Wochen. Und weiter ... das mit der Zuneigung zu diesen Kindern, die sich mit der Zeit entwickelt, wird wohl wahr sein; sagenhaft viele Eltern hängen sich unheimlich stark an diese Kinder, und das wird dann von den Ärzten auch immer wieder als Beispiel angeführt, etwa in der Art: Sie sagen das zwar jetzt, aber Sie haben das Kind ja erst seit kurzem, Sie haben einen Schrecken bekommen, Sie haben den Schock noch nicht überwunden. Also tatsächlich, die Eltern sind auf die Dauer eigentlich sehr froh darüber, daß sie diese Kinder haben. Und sie haben eine unheimlich liebevolle Bindung an sie.
Ich finde, das alles wird auf eine etwas zu bequeme Weise hergenommen, um die zur Zeit gültige Ethik anwenden zu können. Ich frage mich, was diese starke Zuneigung der Eltern beinhaltet. Darüber wird nie geredet. Es wird bloß gerufen: Hurra, die Eltern empfinden diese starke Zuneigung, also kann's so weitergehen wie bisher. Was beinhaltet diese starke Zuneigung? Nichts. Man muß sich die Frage stellen, wie sehr eine solch starke Bindung der normalen Entwicklung einer Familie, einer Ehe eventuell im Weg steht, denn ohne Zweifel leiden sie darunter. Daran geht man vorüber. –

– Können Sie bestätigen, was diese Mutter sagte? Wissen Sie von einer dermaßen starken Bindung an ein solches Kind?

(Pflegeperson 1) Im allgemeinen hängt man an schwachsinnigen Kindern, an Kindern, die weniger sind und weniger können. Allerdings muß man eine solch echte Zuneigung meiner Meinung nach für eine sehr kleine Gruppe verneinen: nämlich für die Gruppe von Kindern, mit denen eine tiefergehende Bindung einfach nicht möglich ist – davon hat ja eben die Mutter gesprochen. Und hier ist es auch mir wirklich die Frage, inwieweit man sich an so ein Kind binden kann.

Aber das geschieht ja durchaus. Ist nicht gerade dies oft das Argument dafür, daß Versorgung und Betreuung fortgesetzt werden?

Sicher. Aber ich glaube nicht, daß es in allen Fällen so sein müßte.

Wenn Krankenschwestern unter sich sind und über so einen Patienten reden, wie redet man dann?

Das geht öfter folgendermaßen: Ich habe mich mit diesem oder jenem Kind beschäftigt und es ist mir gelungen, es bis dahin oder dorthin zu bringen. Dann hat man so eine Art Stolz, sowas von Erfolgserlebnis: Na ja, mir ist es gelungen. Ich habe das fertig gebracht. Und da stellt sich mir die Frage: Auf wessen Kosten ist das gelungen? Ist das erfreulich für mein eigenes Empfinden oder ist es erfreulich für das Kind?
Ich erinnere mich z.B. an den Fall eines Kindes, das einen Wasserkopf hatte. Dadurch war das Wärmezentrum total gestört. Die Pflege dieses Kindes war enorm schwierig, weil man den Kopf auf eine ganz bestimmte Art und Weise legen mußte, um die richtige Temperatur zu bekommen. Wir hatten jemanden, der das sehr gut konnte, der sich da hineinfühlte. Und das scheint mir, wurde als ein Erfolgserlebnis erfahren: Ich kann das und man hat mich dafür nötig.

Bewerten Sie das positiv?

Ich weiß nicht. Ich glaube nicht, daß ich das positiv bewerten kann.
(Pflegeperson 3) Ich habe es allerdings auch anders gesehen, nämlich so, daß man es wirklich um des Kindes willen tat, um ihm ein Leben zu geben, das so gut wie irgend möglich ist. Ich glaube, daß ich das doch etwas anders sehe.

Man spricht oft davon, daß die Patienten Objekt der Pflege sind. Inwieweit stimmt das?

(Pflegeperson 2) Ich glaube, das gibt es. Aber andererseits

glaube ich, daß man auf die Dauer nur schwer den Pflegeberuf ausüben kann, wenn man Schwachsinnige schwersten Grades bloß noch als Objekt betrachten kann. Ich meine, es müßte im Normalfall etwas mehr da sein, vor allem Respekt auch vor diesem Leben, so unbegreiflich es sein mag und so wenig wir uns da hineinfühlen können.
Ich möchte noch etwas zum Erfolgserlebnis sagen und dazu, daß man mit Kindern einen Schritt weiterkommt: Ich glaube, daß sowohl der Schwachsinnige als auch der Angehörige des Pflegepersonals das Recht haben, einfach Mensch zu sein, und das heißt für jede Arbeit, daß der, der sie tut, immer wieder einmal die Bestätigung braucht, daß seine Arbeit Ergebnisse bringt. Und wenn er die in einem Arbeitsfeld bekommt, auf dem Ergebnisse äußerst selten sind und sich in kleinsten Nuancen ausdrücken, dann finde ich es eigentlich logisch, wenn das gesprächsweise einmal übertrieben wird. Aber ich würde daraus nicht zu viele Schlüsse ziehen. –

Die Angehörigen

Wenn man die Fernsehserie „Ein milder Tod" als ganze betrachtet, springen einige Abschnitte deutlich ins Auge. Das ist in der ersten Sendung der Bericht des Arztes über die aktive Euthanasie, die er vollzog; in der zweiten Sendung ist es die Resolution, die eine Mentalitätsveränderung als notwendig erklärt, damit aktive Euthanasie akzeptiert werden kann; in der dritten Sendung ist es der Brief einer Krankenschwester, in dem sie in ergreifender Weise davon berichtet, wie sie zuerst das Sterben ihres Vaters und ein paar Jahre später das Sterben ihrer Mutter durch aktive Hilfe hat erleichtern können.

„Als Krankenschwester habe ich das Vorrecht gehabt, meinen Vater und später auch meine Mutter zuhause pflegen zu können. Beide hatten Krebs.
Mit meinem Vater konnte man ohne weiteres darüber reden.

Er erlebte sein Abbauen sehr bewußt, und es war ihm ein Bedürfnis, mit jemand darüber sprechen zu können. Das gab ihm den nötigen Widerstand, um die Heuchelei des ‚Na, siehst Du ja wieder prima aus!‘ und ‚Bald scheint die Sonne wieder!‘ lächelnd zu kassieren.
Als für ihn der letzte große Leidensabschnitt begann, verschrieb der Hausarzt die üblichen betäubenden und schmerzstillenden Mittel. Er gab auch die üblichen Dosierungen an, zugleich stellte er es aber ausdrücklich frei, nach eigener Einsicht zu handeln.
Vielleicht begriff ich das nicht gleich. Wahrscheinlich habe ich das damals bloß für einen Vertrauensbeweis im Verhältnis Arzt-Schwester gehalten. Mein Vater bat Gott, sterben zu dürfen. Aber er war realistisch genug, um zu wissen, daß die Hilfe des Arztes der Weg dorthin sein könnte. Nach einem Gespräch mit dem Pfarrer (nach dem mein Vater sagte, er sei ‚bereit‘), wurde sein Drängen und Bitten, sterben zu ‚dürfen‘, fast unwiderstehlich.
In seinem Leiden blieb ihm nichts erspart. Das ist bestimmt nicht übertrieben. Ich habe ja schon viele Menschen sterben gesehen und kenne die ‚Stufen‘ des Elends, die dem vorausgehen können.
Es brauchte noch zwei volle Wochen, bis ich ihm die entscheidende Spritze gab. Ob sie sein Leben um eine Stunde, einen Tag oder vielleicht noch um eine Woche verkürzte, weiß ich nicht.
Was ich sehr wohl weiß, ist, daß ich noch immer dankbar dafür bin, daß ich dies tun konnte. Das ist jetzt zehn Jahre her, das Wort Euthanasie war damals noch nicht allgemein geläufig. Große Dankbarkeit erfüllt mich auch noch immer im Blick auf den Arzt, der eine Entscheidung nicht erzwingen wollte, sondern es mir ermöglichte, das zu tun, wozu die große Liebe zu meinem Vater mich trieb.
Und das ist doch wirklich etwas anderes als Mitleid. Dieses Mit-leiden vollzieht man auch bei seinen Patienten. Aber für sie zu entscheiden, würde ich mich nie trauen.
Man muß jemanden wirklich sehr stark lieben, um im Be-

wußtsein der vollen Verantwortung das Leben eines anderen beenden zu können.

Bei meiner Mutter aktivierten sich die Krebszellen ganz plötzlich fünf Jahre nach der Amputation ihrer Brust – und zwar innerhalb einiger Stunden. Man könnte sagen: Gott wollte sie mit einem sehr schnellen Tod segnen. Ich war damals nicht zu Hause. Sie wurde ins Krankenhaus gebracht und dort ‚rettete' man ihr das Leben durch die übliche Behandlung mit Injektionen. Ihr Leben wurde um genau ein Jahr verlängert – nicht von Gott, sondern von den Ärzten. Ein Jahr voll Sorge, Kummer, Angst und Hoffnung. Haarausfall, Stimmwechsel, Charakterveränderung. Das Letzte war das Schwierigste. Das machte es eigentlich auch unmöglich, in der altvertrauten Weise miteinander zu reden. Sie und Ihre Umgebung litten darunter sehr. ‚Darf der Arzt das Leben verkürzen?' ist eine doppelbödige Frage; denn die andere Frage: ‚Darf der Arzt das Leben verlängern?' ist unlösbar damit verknüpft.
Das Letztere geschieht zur Zeit routinemäßig. Ich erlebe das in meiner Umgebung immer wieder.
Stellt sich denn niemand die Frage, ob man so etwas darf? Hat das noch etwas mit Liebe und Barmherzigkeit zu tun, wenn man um jeden Preis, ja sogar um den Preis der Persönlichkeit des Betroffenen sein Leben um x Monate verlängert? Das ist beängstigend. Es kommt mir wie ein Experiment vor, ein Experiment mit dem Tod auf Kosten der Lebenden und aller, die sie lieben.
Ich sage mir immer: Meine Mutter soll, wenn es nach mir geht, nicht so lange leiden wie mein Vater. Auch bei ihr hatte ich die Gelegenheit, am Ende ihres Weges dem gnädigen Tod ein Stück weit entgegenzukommen. Aber wie sehr hängen wir doch an uns selbst und an der Ethik, die uns eingeprägt worden ist! Sie mußte noch eine Woche leiden. Auch ihr blieb nichts erspart. Ich wußte, daß ich helfen mußte, aber das war so mühselig, denn diese Frau, die sich im letzten Jahr ganz anders verhalten hatte, war eigentlich nicht

mehr meine Mutter, wie ich sie kannte. Ich liebte sie zwar noch immer sehr, aber auf eine andere Art und Weise. Infolge ihrer Charakterveränderung waren wir uns fremd geworden.
Das machte uns beiden großen Kummer. Gerade in dieser letzten Lebensphase, wo Menschen einander so viel bedeuten können, erlebten wir, jede für sich, ein Gefühl großer Einsamkeit. Erst nach diesen acht Tagen sehr langsamen Sterbens wurde mir bewußt, daß mich die Veränderung in unserem Verhalten zueinander daran hinderte, die entscheidende Spritze zu geben. Erst als ich wußte, was die Ursache war, konnte ich es tun.
Nicht der Arzt, ja nicht einmal der befreundete Hausarzt, kann über das Lebensende entscheiden. Das ist dem vorbehalten, der den Patienten liebt, wirklich stark liebt. Der Arzt hilft dabei. Wie deutlich wurde das in dem Bericht des Hausarztes in Ihrem Programm!
Ich möchte Ihnen sehr herzlich für die große Sorgfalt danken, mit der Sie dieses Thema behandelt haben. Schade, daß man mit so vorsichtigen Formulierungen an diese Themen herangehen muß. Unser Hausarzt wußte das. Und ich wußte, daß er es wußte – durch eine Geste, einen Blick des Einverständnisses. Wir haben nie darüber gesprochen.
Das war gar nicht nötig. Und dafür bin ich ihm sehr dankbar. Meiner Meinung nach gibt es eine ganze Menge Menschen, die dem guten Tod eine helfende Hand gereicht haben – um derer willen, die ihnen anvertraut waren.
Es ist gut, daß darüber gesprochen wird."

Dieser Brief wurde spät abends, unmittelbar nach einer der Sendungen geschrieben. Die Bitte an die Krankenschwester, den Inhalt des Briefes im Fernsehen wiederzugeben, wurde abgeschlagen. Sie würde es auf keinen Fall noch einmal so ausdrücken können, wie es ihr in der Spontaneität des Augenblicks gelungen war, als sie auch noch ganz unter dem gefühlsmäßigen Eindruck der Fernsehsendung stand.
In einer ähnlichen Stimmung fühlten sich auch andere dazu

gedrängt, ihre Erfahrungen aufzuschreiben. In Einzelheiten wird das Sterben eines geliebten Menschen geschildert (Vater, Mutter, Mann oder Frau). Wiederholt gibt man dabei seiner Entrüstung und Bestürzung Ausdruck über die aufdringliche Behandlung sterbender alter Menschen oder Patienten durch manche Ärzte und Angehörige des Pflegepersonals.
Der nun folgende Bericht eines 74jährigen Mannes über den Leidensweg, den seine Frau hinter sich bringen mußte, bis Ärzte und Krankenschwestern sie im Alter von 77 Jahren schließlich gehen ließen, gibt ein grelles Bild von der Behandlungswut in manchen Pflegeeinrichtungen:

– Meine Frau baute in den letzten Jahren geistig ab – körperlich auch, aber das weniger. Im Dezember 1970, nachdem sie monatelang nicht mehr auf der Straße gewesen war, bekam sie eine Wunde am Gesäß, die auf Anraten meines Arztes morgens durch die Schwester eines Pflegeverbands, abends durch mich behandelt wurde. Seit dieser Zeit bis Ende April '71 wurde sie durch mich versorgt und gepflegt. Einige Beispiele: Als ich ihr morgens aus dem Bett half, sagte sie mehrmals: „Sind Sie mein Ehemann?", obwohl wir seit ungefähr 50 Jahren getraut sind und immer zusammen waren. Wenn ich versuchte, ihr etwas zu essen zu geben, sagte sie oft: „Nein, laß nur, es ist gut so. Du bist immer gut zu mir gewesen, aber jetzt möchte ich gern einschlafen." Ich dachte, das ist das Ende, das ist eine Art Abschied.
Am 11. Mai wurde sie in das Pflegeheim gebracht, in die klinische Abteilung. Wir wurden von einem der Ärzte empfangen. Sie hatten da ziemlich viel. Wir erzählten dem Arzt die Vorgeschichte meiner Frau, daß es ihr schon seit Jahren nicht mehr gut ging. Darauf kam keine Raktion. Bei einem meiner ersten Besuche erzählte meine Frau, daß sie essen mußte und dabei von einer Schwester festgehalten wurde. Nach einer Woche konnte sie nicht mehr sprechen (das ist schauderhaft, wissen Sie). Sie konnte nicht mehr sprechen, sie bewegte zwar noch den Mund, um den Versuch zu ma-

chen, etwas zu sagen, aber sie brachte keinen Ton heraus. Ich merkte auch, daß sie viel Medikamente und Injektionen bekam.
Nach kurzer Zeit – es dürften ungefähr drei Wochen gewesen sein – konnte sie sich nicht mehr bewegen; still lag sie da mit immer größer werdenden Wunden an den Hüften, den Knieen und Fersen. Das war manchmal alles ganz eingepackt. Sie war ein Mitleid erregendes Häuflein Elend. Ab und zu wurde sie mit so einem Hebegerät aus dem Bett gehoben. Ich hatte das noch nie gesehen, und warum das geschah, begriff ich nicht recht. Sie saß dann auf dem Stuhl, nur mit einem Pyjamajäckchen an, und dann wurde noch ein Morgenmantel um sie gehüllt. Nach drei Monaten konnte sie nicht mehr schlucken. Sie bekam eine Sonde, das ist ein kleiner Schlauch, der durch die Nase in den Magen geleitet wird.

Künstliche Ernährung?

Ja, das ist eine Art künstlicher Ernährung. Die Flüssigkeit, also Milch, Tee und Kaffee wurden durch einen Trichter in den Schlauch gegossen und dann lief das in den Magen. Und auch kräftige Nahrung wie Butter, ein Ei, zerkleinertes Fleisch und zerkleinertes Gemüse wurden flüssig gemacht und durch den Schlauch zugeführt.

Haben Sie das positiv bewertet, diese Behandlung?

Nein.

Warum nicht?

Warum konnte ich das nicht positiv finden? Die Frau konnte nicht mehr gesund werden. Als Laie wußte ich, daß meine Frau am Ende war. Wenn man so viele Jahre lang mit jemand zusammen ist, dann merkt man deutlich, wann der Moment gekommen ist, wo es nicht mehr geht. Da weiß man auch, daß der Arzt das mit Medikamenten und Injektionen nicht in Ordnung bringen kann. Das glaube ich einfach nicht. Das ist nicht richtig – wenigstens soweit es meine Frau betrifft. Das kann nicht richtig sein.

Wie ist es weitergegangen?

Nach ca. vier Monaten kam ich abends hin, da hatte sie an beiden Handgelenken auf dem Puls ein Pflaster. Ich sage zur Schwester: Was ist denn das? Da sagt sei: Ja, sie hat wieder hohes Fieber, und jetzt wird ihr Blut entnommen. Da, wo man das sonst tut, in der Beuge des Ellenbogens, ging es nicht mehr. Ich sage: Ist das denn wirklich nötig, nachdem die Frau hier schon vier Monate lang liegt, ihr jetzt noch Blut für eine Untersuchung zu entnehmen? Das kann doch nicht wahr sein? Gleich danach kamen sie mit einer großen Spritze mit Antibiotica an. Zum Glück ist meine Frau nach fünfeinhalb Monaten gestorben.

Warum sagen Sie „zum Glück"?

Das zu sagen, ist wirklich nicht schwer (erregt). Ich glaube, das würde jeder sagen.

Aber Sie haben doch Ihre Frau lieb gehabt?

Gerade darum, darum muß man sagen: zum Glück. Ganz genau darum.

Haben Sie auch einmal mit den Ärzten gesprochen, die Ihre Frau behandelt haben? Haben Sie bei ihnen protestiert?

Ja, sehr oft. Ich habe in der Tat protestiert, und ich könnte darüber auch eine ganze Menge erzählen, aber lassen Sie mich das lieber nicht tun.

Wie haben die Ärzte reagiert?

Die einzige Reaktion war: Ja, wir haben viel von Ihrer Frau gelernt. Das sagten sie, nachdem ich – für meine Verhältnisse jedenfalls – ziemlich heftig geworden war.

„Gelernt" im Blick auf die Art und Weise der Behandlung?

Das hat er nicht gesagt, aber ich glaube nicht, daß man es

anders verstehen kann.

Was, meinen Sie, hätte nun mit Ihrer Frau geschehen müssen? Nehmen wir den Fall an, man hätte die Nasensonde abgenommen. Sie können Ihre Frau doch nicht verhungern oder verdursten lassen?

Nein, da haben Sie recht, aber so, wie es geschah, war es auf keinen Fall richtig. Es gibt ja auch noch andere Mittel, die ein Arzt gebrauchen kann, um ein Ende zu machen. Das ist keine Missetat, sondern eine Wohltat.

Hätten Sie das besser gefunden?

Ja, natürlich. Selbstverständlich. Wenn man das ein halbes Jahr lang jeden Tag mit ansehen muß – wissen Sie, das ist wirklich schlimm.

Sind Sie der Meinung, daß man ein Leben – solch ein Leben – beenden darf? Kommen Sie da nicht z.B. mit Ihrer Glaubensüberzeugung in Konflikt?

Das hört man öfter, aber das glaube ich einfach nicht. Ich glaube auf keinen Fall, daß es Gottes Wille ist, das Leben alter Menschen endlos zu verlängern, wie man das jetzt so macht. Demgegenüber ist es natürlich noch einmal etwas anderes, dem Leben eines Menschen ein Ende zu machen. Das gebe ich zu, und damit werden viele Menschen Schwierigkeiten haben, solange sie nicht selbst das Leiden alter Menschen mitgemacht haben. Aber dann werden auch gläubige Menschen sehen, daß es nicht gut ist und daß das auf keinen Fall der Wille Gottes sein kann.
Die Menschen sind es, die in ihrem grenzenlosen Übermut danach trachten, das Leben in den Griff zu bekommen. –

Fassungslosigkeit und Empörung durchdringen die Zeugnisse derer, die aus der Nähe das Sterben geliebter Menschen verfolgt haben. Ihr einziger schwacher Protest ist die Frage: „Muß das wirklich so sein?“

„In den Jahren 1938-1952 war ich als Laborant in verschiedenen Krankenhäusern beschäftigt und sah, wie Patienten, die eigentlich schon im Sterben lagen, mit künstlichen Mitteln am Leben gehalten wurden, oder besser: wie ihr Tod hinausgeschoben wurde. Ich sagte mir damals ganz entschieden: Das wird bei meinen Angehörigen nicht passieren. Ich konnte nicht voraussehen, wie vollkommen machtlos man ist, wenn jemand von den eigenen Familienmitgliedern in eine solche Situation kommt.
Meine Mutter hatte im Alter von 68 Jahren (1954) ihren ersten Schlaganfall, erholte sich davon aber recht gut; 1964 bekam sie drei Schlaganfälle, sie war danach vollkommen bettlägerig und inkontinent, außerdem zum größten Teil gelähmt; Schluck- und Sprechbeschwerden kamen hinzu; oft war ihr Zustand kritisch. Zweieinhalb Jahre pflegten wir sie, dann wurde sie in ein anerkanntes Pflegeheim aufgenommen. Erst dort begann es wirklich dramatisch zu werden: Man wollte an der 78jährigen Frau mit aller Gewalt ein Rehabilitationsprogramm durchführen; man entdeckte, daß ihr Nacken krumm war (ich kannte sie nicht anders), er mußte gerade werden, Kopfkissen durfte sie nicht gebrauchen. Man versuchte, sie aus dem Bett zu setzen (das hatten wir zu Hause auch öfter versucht, es hatte bei ihr regelmäßig Erbrechen verursacht). Das Erbrechen kam bei diesen Versuchen auch hier regelmäßig. Schließlich konnte sie nichts mehr im Magen behalten; dadurch, daß sie ohne Kopfkissen flach lag und auch ihren Kopf nicht mehr bewegen konnte, verschluckte sie Erbrochenes, was eine Lungenentzündung nach sich zog. Sie war jetzt 80 Jahre alt und lag im Sterben. Da bekam sie noch eine Sonde durch die Nase und einen Katheter. So erhielt man ihren Körper am Leben. Oft erbrach sie auch die Sondennahrung; was man aber mit Hilfe von Infusionen wieder auffing. Immerfort traten besorgniserregende Zuckungen auf, trotzdem wurde weitergemacht. Die starre Glaubensüberzeugung des Arztes gebot ihm, das Leben (?) so lange wie irgend möglich auszudehnen. Durch solche Behandlungsmethoden gelang es, ihren Tod um nochmals 15

Monate – vom Einlegen der Nasensonde an gerechnet – zu verschieben.“

– Haben Sie sich bei den Ärzten über diese Behandlungsmethoden beschwert? “

Es war schwierig, mit dem zuständigen Arzt ins Gespräch zu kommen. Er war aus Gründen seines Glaubens der Überzeugung, das Leben – jedenfalls was er Leben nannte – verlängern zu müssen, und zwar solange Herz und Atmung funktionierten. Ich war anderer Meinung.

Sind Sie selbst ein gläubiger Mensch?

Ja sicher, aber ich finde, daß das, was hier geschah, überaus unbarmherzig und grausam ist. Mein Glaube spricht mehr von Barmherzigkeit und Liebe. Aber was hier geschah, hat nichts zu tun mit Liebe oder Barmherzigkeit.

Sie konnten also das Leiden Ihrer Mutter nicht mit ansehen. Ging es da nun um Sie oder um Ihre Mutter?

Um sie. Sie hätte das auf keinen Fall haben wollen. Sie war immer eine sehr aktive Frau gewesen, und wenn sie so dalag, habe ich mir oft gedacht: Wenn du dich selbst sehen könntest, würdest du es furchtbar finden, was hier mit dir geschieht. Das war ihrem Wesen vollkommen entgegengesetzt.

Aber ... wollten Sie da eingreifen, um dieser Situation ein Ende zu machen?

Äh ... ja, und das würde ich auch heute noch für richtig halten. Aber es war nicht einmal nötig. Sie lag im Sterben, sie hatte Lungenentzündung. Wenn sie ihr damals die Nasensonde nicht gegeben hätten, wäre sie gestorben, und es wären ihr 15 Monate erspart geblieben, die für sie nichts als Elend waren.

Allerdings könnte ich mir vorstellen, daß man in solch einem Pflegeheim Bedenken hat, einen Patienten nicht mehr zu füttern, also ihn eigentlich verhungern zu lassen ...?

Das sagten auch die Schwestern. Aber was dann geschah, war viel schlimmer. Sie war bewußtlos, sie lag im Sterben, sie wäre, ohne es zu merken, eingeschlafen. Trotzdem mußte sie wieder zurückgeholt werden, um weiterzuleben, wie man das so nennt. Aber ich kann das nicht Leben nennen, es war bloß Leiden... –

Der Bericht vom Sterben eines 65jährigen Mannes geht vielleicht noch mehr unter die Haut. Er wurde – wegen Magenkrebs, wie sich später herausstellte – ins Krankenhaus aufgenommen. Seine Tochter schildert die letzten drei Monate des Lebens und Leidens ihres Vaters. Erst ein Abschnitt aus ihrem Brief, dann der ergänzende Bericht, den sie vor der Fernsehkamera gab:

„Vor zwei Monaten (im August '71) ist er gestorben. Drei Monate zuvor war er wegen eines Magengeschwürs operiert worden. So hatte es ihm der Internist mitgeteilt. Aber da die Operation nicht einmal eine halbe Stunde gedauert hatte – dies sagten uns die Patienten, die mit ihm im gleichen Zimmer lagen –, wurden wir argwöhnisch und riefen den Hausarzt an. Der sagte gleich, es sei Krebs. Er hatte es bereits vermutet. Ich nahm mit dem behandelnden Chirurgen Kontakt auf und bat um eine Unterredung. Der Chirurg sagte mir, mein Vater habe Magenkrebs und sei aufgegeben; die Verästelung des Geschwürs sei innerhalb seines Körpers soweit fortgeschritten, daß nichts mehr helfen würde. Ich fragte: Herr Doktor, wie lange wird es noch dauern? Seine Antwort war: Noch ein paar Monate. „Sagen Sie es der Familie; denn das werden ein paar aufreibende Monate." Er sagte genau, wie die Entwicklung weitergehen werde. Mein Vater würde kein Essen mehr zu sich nehmen können, er würde alles wieder von sich geben, er würde langsam austrocknen und auszehren, und das Ende käme durch Blutspucken oder Ersticken. Das Letztere ist geschehen. Ich kann Ihnen nicht sagen, wie furchtbar es ist."

– Vor allem die letzten 14 Tage sind schrecklich gewesen. Sein Bauch war vom Wasser, das der Krebs verursachte, ganz aufgetrieben. Dadurch war ihm furchtbar übel. Wir sagten: Ach bitte, Herr Doktor, schaffen Sie das Wasser weg! Daraufhin hat er tatsächlich das Wasser am nächsten Tag weggeschafft, der Bauch war also flach. Aber am darauffolgenden Tag war es wieder so wie vorher. Das Wasser war ebenso schnell zurückgekommen. Er war wieder voll davon.
Er konnte tatsächlich nicht mehr essen. Das Einzige, was wir ihm gaben, war Eis. Das fand er fein. Die Menschen, mit denen er im Zimmer lag, sagten: Das ist wirklich bedauernswert, was Ihr Vater alles mitmachen muß. Nachts liegt er auf den Decken drauf, denn dann ist er so müde. Er ist so müde. Er sagte selbst: Ich bin so müde. Ich bin zu müde, um zu liegen. Ich bin zu müde, um zu sitzen. Dann lag er da und weinte.
In den letzten 14 Tagen hielt er immer unsere Hände fest, wenn wir uns verabschiedeten. Mit anderen Worten: Laßt mich nicht allein! „Hilf mir doch!" sagte er einmal. „Helft mir doch! Du siehst doch, wie furchtbar schlecht ich dran bin." Aber wir konnten nichts machen. Die letzten drei Tage, bevor er starb, lag er in einem Einzelzimmer. Er war vollkommen bei Bewußtsein. Am Tag, an dem er starb – es war zwölf Uhr nachts – wurden wir vom Krankenhaus angerufen. Die Oberschwester sagte: Es ist soweit, können Sie kommen? Wir gingen hin. Mein Vater stieß Laute aus. Das war furchtbar. Das Wasser stand in ihm bis hier (Geste: bis zum Hals). Man hörte es gurgeln. „Uh, uh", so redete er. Man mußte ganz nahe an seinem Mund sein, um hören zu können, was er sagte. Er fragte, ob wir hergerufen worden wären. Meine Mutter sagte: Ja, Papa, wir sind gerufen worden. „Wie spät ist es?" – das konnten wir noch aus seinem Gestammel heraushören. Zwölf Uhr. Danach wurde er schrecklich unruhig. Er wollte aus dem Bett heraus und sich auf den Boden fallen lassen. „Nicht im Bett, nicht im Bett", wiederholte er nur. Sein Bett war von einem Geländer umgeben, so daß er nicht heraus konnte.

Während mein Schwager sich neben ihn setzte und sagte: „Gib mir Deine Hand und schlafe ganz ruhig!", lief meine Schwester zur Oberschwester, weil es dem Vater so fürchterlich übel war. Man hörte, wie das Wasser in ihm Wellen schlug, es war scheußlich. Meine Schwester hat die Oberschwester angefleht, Vater eine Spritze zu geben, worauf diese ganz entrüstet antwortete: Wie können Sie eigentlich so etwas fragen? Dieses Leben liegt in Gottes Hand, nicht in unserer. Meine Schwester kam heulend zurück.
Eine halbe Stunde später ist mein Vater erstickt.
Ich selbst fand das furchtbar. Das will ich doch noch eben sagen. Jener Chirurg, der damals, als mein Vater auf dem Operationstisch lag, beschloß: Nicht mehr operieren! Hier gibt es nichts mehr zu tun. Zurück ins Krankenzimmer! – derselbe Chirurg hätte das Wagnis eingehen müssen zu beschließen, daß ein Ende gemacht wird. Er wußte, daß der Patient, mein Vater, einem gräßlichen Leiden entgegenging – und in diesem Bewußtsein hat er ihn ins Krankenzimmer zurückgeschickt. Aufs Ganze gesehen empfinde ich dies als das Schlimmste. –

Die im Studio anwesende Internistin, Frau Dr. Den Drijver-Dijk aus Bolsward, wurde gebeten, sich zu diesem Bericht zu äußern. Sie hatte auf eine frühere Sendung mit einem ausführlichen Brief reagiert und darin ihre starken Bedenken gegen aktive Euthanasie und gegen die Fernsehserie „Ein milder Tod" begründet.

– Nehmen wir an, dieser Mann, der Vater der Dame hier, hätte selbst um aktive Euthanasie gebeten und diese Bitte wäre von der Familie unterstützt worden – hätte der Arzt dieser Bitte entsprechen dürfen?

Nein, auf gar keinen Fall. Sicherlich muß der Arzt auf verschiedenste Art und Weise versuchen, das Leiden zu mildern, aber er darf dem Patienten nicht das Leben nehmen. Wichtig ist auch dies: Nicht allein sein Körper leidet, sondern die ganze menschliche Persönlichkeit. Das bedeutet,

daß er auch geistig begleitet werden muß. Ein Mensch, der seinem Tod ganz nahe ist, hat nicht nur Schmerzen, es ist ihm nicht nur übel, sondern er ist auch einsam und ängstlich und muß gerade darin Hilfe erfahren.
Das sind Situationen voller Elend, sowohl für das Pflegepersonal und für den Arzt wie auch für die Angehörigen und natürlich für den Patienten. Es ist entsetzlich für alle Beteiligten. Deshalb ist es so wichtig, solch einen Zustand aus einer christlichen Lebenshaltung heraus anzugehen, um den Patienten so gut wie möglich mit all dem zu unterstützen, was an Glaube, Hoffnung und Liebe da ist. –

Im Anschluß an die letzten Worte von Frau Den Drijver fragt die Frau, die zuvor den schrecklichen Bericht über das Sterben ihres Vaters gegeben hat:

– Das kann aber nicht jeder. Ich meine, nicht jeder Mensch hat einen Glauben hinter sich, der ihn instand setzt, das eigene geistige Leiden abzumildern. Und ich finde, wenn jemand das selbst äußert: Geben Sie mir eine Spritze (so wie ich selbst jemand gehört habe, der sagte: Wer traut sich, mich totzuschießen? Wer hat den Mut, mich totzuschiessen?), dann finde ich, daß man ihn anhören muß. Sie haben vielleicht einen Glauben hinter sich, auf Grund dessen Sie sprechen, aber sehr viele Menschen haben ihn nicht. Und warum ist es eigentlich nicht möglich, daß durch einen Zusatz zum Testament festgelegt wird: Herr Doktor, sollte bei einer Operation deutlich werden, daß die Verästelung so weit fortgeschritten ist, daß es aus ist mit mir, machen Sie dann bitte ein Ende. Warum geht das nicht?

Das ist grundsätzlich nicht gut. Auf keinen Fall.
(Gemurmel im Fernsehstudio, verschiedene Menschen wollen etwas fragen, eine Stimme hebt sich heraus:)

Ich möchte Sie fragen, Frau Doktor: Was Sie gesagt haben, ist meinem Gefühl nach kein medizinisches Argument mehr, sondern ein weltanschauliches und theologisches, und darum möchte ich gern wissen: Können Sie sich vorstellen, daß andere Menschen einen ganz anderen Schluß aus Ihrer Bemerkung ziehen, daß Sie an Ihren Glauben an die Souveränität Gottes gebunden sind? Das kann für andere etwas Entgegengesetztes bedeuten. Nach biblischer Aussage ist das Leben an sich nicht heilig. Wir glauben doch nicht, daß das Leben göttlich ist.

Ja, in der Tat. Ich kann mir sehr gut vorstellen, daß das für eine ganze Reihe Menschen keine Gültigkeit hat. Und genau das ist nun das Problem. Das ist die lebenswichtige Frage, ob man materialistisch eingestellt ist oder ob man aus einer christlichen Lebenshaltung heraus handelt.
(Wieder Proteste auf der Tribüne, derselbe Mann antwortet:)

Darf ich darauf eingehen? Das hier ist nämlich ein Gespräch, das ich jetzt bestimmt schon zehn Mal mit Ärzten geführt habe. Dabei ist ein entscheidendes Mißverständnis des christlichen Glaubens zum Vorschein gekommen. Ich lasse mir nicht einreden, daß das etwas mit dem biblischen Glauben an die Würde des Lebens zu tun hat – und schon gar nicht, daß man das unter Berufung auf medizinische Autorität anderen auferlegen darf. Dagegen habe ich äußerst starke Bedenken. Meinem Empfinden nach ist das eher unchristlich und ist Ausfluß einer populären, vielleicht mehr östlichen Denkweise als daß... Aber es wird als christlich und gläubig und streng biblisch präsentiert. Dagegen habe ich ganz starke Bedenken.

(Später erfuhr man, daß diese Unterbrechung von einem reformierten Pfarrer kam. Eine weitere Frage wurde von der Tribüne aus gestellt:)

Die medizinische Wissenschaft ist an einem bestimmten Punkt am Ende. Warum will sie trotzdem das letzte Wort haben?

Die medizinische Wissenschaft braucht nicht das letzte Wort zu haben. Bestimmt nicht. Es ist die Religion, die das letzte Wort hat. Gott hat das letzte Wort. Und darf ich dann noch dies sagen: Die Motive für aktive Euthanasie sind im Augenblick: Wir haben Mitleid, wir tun es aus Barmherzigkeit. Nach kurzer Zeit wird es heißen: Wir haben keine Pflegekräfte mehr. Und wieder wenig später: Wir haben kein Geld. Das geht ins Uferlose. Das wird schließlich dahin führen, daß man jemand gegen seinen Willen das Leben nimmt.

Glauben Sie wirklich nicht, daß es auch – wie bereits formuliert worden ist – eine Tat christlicher Barmherzigkeit sein kann, wenn man eingreift, um jemand nicht länger leiden zu lassen?

Das ist ein sehr schwieriger Punkt. Hier spielen eine ganze Reihe anderer Motive eine Rolle. Da sind die Gefühle derer, die eine sehr starke Bindung an den Patienten haben; die spielen also eine Rolle. Und dann vollzieht sich hier ein Prozeß, den man psychologisch sehen muß, eine Identifikation mit dem Kranken, ein unbewußtes Sich-Identifizieren mit seinem Leiden. Deshalb sind es in erster Linie die Angehörigen, die hier aktive Euthanasie angewendet wissen wollen. –

Anfänglich hat Frau Dr. Den Drijver erkennen lassen, daß sie einen deutlichen Unterschied zwischen aktiver und passiver Euthanasie sieht. Sie antwortet auf die Frage, ob das Absetzen einer Behandlung, der Verzicht auf Medikamente – z.B. auch auf solche, die das Leben verlängern – im Grunde nicht auch ein Eingreifen ist:
– Natürlich ist das ein Eingreifen, aber es ist kein vorsätzliches Töten. Es kann z.B. vorkommen, daß ein Patient eigentlich schon im Sterben liegt, daß da mit keiner Behandlungsmethode noch irgend etwas zu retten ist, daß das allein eine Verlängerung des Leidens bedeuten würde – dann bin ich entschieden gegen Behandeln. Man muß doch nicht als Unmensch auftreten, der das Leiden verlängert, bestimmt nicht. Wir haben den Eid des Hippokrates. Dort steht, daß wir das Leben zu schützen und das Leiden zu mildern haben. Diese beiden Grundsätze können natürlich in einem

bestimmten Augenblick miteinander in Konflikt kommen. Aber ich bin ganz entschieden und grundsätzlich gegen aktive Euthanasie. –

Die Auffassungen von Frau Den Drijver haben die verschiedensten Meinungsäußerungen hervorgerufen. Die vielen Telefonanrufe unmittelbar nach der Sendung ergaben, daß die Internistin mit ihrer deutlichen Stellungnahme einige verletzt, sehr vielen anderen aber wohlgetan hatte. Eine so scharfe, grundsätzliche Ablehnung hatten offenbar viele Zuschauer sehr vermißt. Die Briefe, die nach der Sendung kamen, bestätigten diesen Eindruck. Auch Dr. Den Drijver selbst bekam viele Zuschriften von Menschen, die ihr für das, was sie gesagt hatte, dankten.
Viel weniger Beachtung fand das Interview mit dem Pastoralpsychologen Pfarrer Aalders aus Utrecht, der in derselben Sendung drankam. Seine Gedanken und Auffassungen waren jedoch mindestens ebenso bemerkenswert.

– Herr Pfarrer, haben Sie die Auffassung, daß in den Situationen, von denen hier die Rede war, es möglich sein müßte, daß der eine Mensch den anderen tötet?

Ich meine, daß hier die Formulierung besonders wichtig ist. Es ist so, daß unter bestimmten Umständen die Gruppe, die mit einem besonders schwierigen Fall konfrontiert wird, das Recht hat, etwas zu bejahen – daß sie in einem bestimmten Fall z.B. den Wunsch der nächsten Angehörigen bejahen und ihm insofern entsprechen darf. Darum glaube ich, daß in Grenzfällen, pastoralpsychologisch gesehen, aktive Euthanasie durchaus verantwortet werden kann.

Es muß also keine unchristliche Handlung sein, wie Frau Den Drijver meinte?

Ich habe den höchsten Respekt vor der Überzeugung von Frau Den Drijver, aber als Pastoralpsychologe und Pastor, der ich nun schon an die 30 Jahre dieses schöne Amt ausgeübt habe, muß ich sagen: Man kann hier keine einzige allgemeine Regel aufstellen. Das Leben, die Liebe, das Leiden und das Sterben sind so außergewöhnlich kompliziert, daß jeder neue Fall auch neue Begleitung und eine neue existentielle Entscheidung erfordert, eine Glaubensentscheidung.

Frau Den Drijver behauptet prinzipiell...

Prinzipien – das haben wir als Pastoralpsychologen einzusehen gelernt – sind etwas ziemlich Schwieriges und genau genommen nicht praktikabel. Wir glauben nicht so sehr an Prinzipien. Wir glauben vielmehr an die Ehrlichkeit einer Überzeugung, und wenn jemand wie Frau Den Drijver eine solche ehrliche Überzeugung hat, dann ist dies ein Tatbestand, dem wir mit derselben unbedingten Ehrerbietung gegenüberstehen müssen wie dem zu unterstreichenden Wunsch eines Patienten, der in der ärgsten Situation sagt: Herr Doktor, geben Sie mir jetzt eine Spritze; denn ich bin mit Gott und den Menschen in meiner Umgebung klar gekommen. –

– *die wir darüber sprechen*

Weil Denken und Sprechen über Euthanasie insbesondere auch ethische Fragen beinhaltet, stand von vornherein fest, daß die Serie der Fernsehsendungen „Ein milder Tod“ mit der Stellungnahme verschiedener Ethiker abgeschlossen werden sollte. Auf Grund ihrer Veröffentlichungen und anderer Äußerungen zum Thema wurden eingeladen der römisch-katholische Theologe Dr. Sporken, Direktor des Msgr. Bekkerszentrum[1] in Nimwegen, der gereformeerde[2] Theologe, Prof. Velema aus Apeldoorn und der hervormde[3] theologische Ethiker Prof. Roscam Abbing aus Groningen. Zuerst wurde bei ihnen zu Hause im Studierzimmer eine bündige Formulierung ihrer Auffassungen zum Thema mit Hilfe eines Tonbandgerätes festgehalten. Später im Fernsehstudio in Hilversum bekamen sie innerhalb des Interviews und durch Konfrontation mit entgegengesetzten Standpunkten Gelegenheit, ihre Gedanken ausführlich zu entfalten.

Dr. Sporken:
Unter Euthanasie verstehe ich nur das passive oder aktive Abkürzen des bereits im Gang befindlichen Sterbensprozesses. Den Abbruch des Lebens neugeborener behinderter Kin-

1 Fortbildungszentrum für katholische Theologen, für CPT (Clinical Pastoral Training): gruppendynamisch gelernte Gesprächsführung in der Krankenhausseelsorge u.a. Neben dem theologischen Direktor arbeitet hauptamtlich ein Sozialpsychologe.

2 Die *Gereformeerde Kerken* sind die heute zahlenmäßig stärkste Gruppe aus den Absplitterungen von der *Hervormde Kerk* im 19. Jahrhundert. Sie unterhalten eine eigene Hochschule in Apeldoorn.

3 Die *Nederlands Hervormde Kerk* („Niederländische Reformierte Kirche“), 1571 als „Große Kirche“ gegründet, ist die größte der vom Calvinismus geprägten Kirchengemeinschaften in den Niederlanden. Sie zählt gegenwärtig 3,2 Millionen Mitglieder in 1850 Gemeinden mit 1550 Pfarrern.

der bezeichne ich nicht als Euthanasie, sondern als Töten oder Beenden des Lebens. Ethisch gesehen ist am wichtigsten die folgende Frage: Wird der Beschluß, dem Leben wirklich ein Ende zu machen, durch den Patienten oder durch jemand anderen getroffen? Im Blick auf den letzteren Fall meine ich, daß wir da einen wesentlichen Aspekt unserer Grundhaltung dem Mitmenschen gegenüber beeinträchtigen, nämlich die Geduld, die darin besteht, daß wir den anderen im Sterben seines eigenen Todes sich selbst verwirklichen lassen – bis hin zu dem Zeitpunkt, den die Natur, Gott und eventuell der Patient bestimmen.

Prof. Velema:

Wir haben nicht das Recht, in das Sterben eines Mitmenschen einzugreifen; denn ich bin der Meinung, daß wir das Handeln Gottes im Sterben der Menschen zu respektieren haben. Wenn wir aktive Euthanasie ausüben, so ist das, als wenn wir zu Gott sagen: Du holst zwar diesen Menschen noch nicht aus dem Leben, aber wir schicken ihn Dir schon jetzt.

Darüber hinaus müssen wir uns vor Augen halten, daß es auf enorme Schwierigkeiten stößt, ein eindeutiges Kriterium für aktive Euthanasie festzulegen. Welcher Fall kommt dafür in Betracht und welcher nicht mehr? Aktive Euthanasie ausüben, bedeutet meines Erachtens, daß man sich auf eine schiefe Ebene begibt, auf der man keinen Halt finden kann. Dies führt zur Manipulation des Mitmenschen.

Zwar müssen wir uns gegen medizinischen Fanatismus zur Wehr setzen. Wo die Medizin nicht mehr dem Menschen dient, sondern dazu mißbraucht wird, um alles, was im Bereich des Möglichen liegt, auszuprobieren, überschreiten wir meiner Meinung nach eine Grenze. Ein derartiges medizinisches Vorgehen sollten wir unterlassen. Aber das ist etwas anderes als das Ausüben von aktiver Euthanasie.

Prof. Roscam Abbing:

Ich bin der Meinung, daß jeder Bürger in einem demokratischen Land das demokratische Recht haben muß, sein Leben zu beenden oder es beenden zu lassen, und daß der

Staat dieses Recht anerkennen muß. Eine spezielle Frage ist, ob ein Christ es verantworten kann, dieses Recht in Anspruch zu nehmen. Denn der Christ will auf den Willen Gottes hören, und im allgemeinen ist es ohne Zweifel der Wille Gottes, daß wir unser Leben gebrauchen und es also positiv leben. Meine persönliche Meinung ist, daß es dabei allerdings Grenzen gibt, weil man den Willen Gottes nicht mit der Tatsache, daß wir leben, deckungsgleich machen kann.
Darum meine ich, daß es Situationen gibt, in denen ein Christ, der sehr wohl intensiv nach dem Willen Gottes fragt, es verantworten kann, sein Leben zu beenden oder beenden zu lassen und sogar um aktive Beendigung zu bitten.

(Gespräch mit Dr. Sporken)
– Unfreiwillige Euthanasie, also das Töten eines Patienten, der nicht selbst darum gebeten hat, lehnen Sie ab. Aber freiwillige Euthanasie, also wenn der Patient sehr wohl selbst darum bittet, weil er davon überzeugt ist, daß er die letzte Phase des Abbaus und des Leidens nicht verkraften kann – darf man das, ist das ethisch zu verantworten?

Ja, soweit ich es überschauen kann, scheint mir dies ethisch vertretbar zu sein – und zwar in den Fällen, in denen Art oder Dauer des Sterbensprozesses ein menschenwürdiges Sterben unmöglich oder beinahe nicht möglich machen.

Ist das ein katholischer Standpunkt?

Ich glaube, daß dies so von der Kirche vertreten werden könnte, aber wenn Sie danach fragen, ob die offiziellen Verlautbarungen Roms dies beinhalten, dann fürchte ich sagen zu müssen: nein! So deutlich ist das in den offiziellen Verlautbarungen nicht herauszulesen.

Fürchten Sie nicht, daß Sie, wenn Sie – wenn ich das so sagen darf, denn darauf läuft es ja doch wohl hinaus – die tödliche Spritze akzeptieren, – daß Sie damit eine Grenze überschreiten, daß man sich damit – wie öfter gesagt wird – auf eine schiefe Ebene begibt?

Ich bin mir dessen bewußt, daß jeder Entscheidungsspielraum, den man für das persönliche Gewissen eines Menschen öffnet, das Risiko des Mißbrauchs in sich trägt, so daß in der Tat die Gefahr besteht, auf die schiefe Ebene zu geraten. Aber dieses Risiko darf nie zum Grund dafür werden, einen ethischen Grundsatz oder eine ethische Verhaltensnorm anders zu formulieren.

Sie sind dagegen, neugeborenes Leben zu töten, das als idiotisch eingestuft werden muß. Wie stehen Sie dann zu dem, was der Utrechter Anthropobiologe Dr. Huizinga in einer früheren Sendung gesagt hat, nämlich: „Ich kann nicht auf der einen Seite mich sagen hören, daß ich beim Erkennen einer angeborenen oder erblichen Abweichung – sei es unter dem Mikroskop oder anderswie – (vor der Geburt) zum Schwangerschaftsabbruch raten sollte, um dann auf einmal, wenn das Kind geboren ist, meinen Mund zu halten. Mir scheint dies Heuchelei zu sein, deren ich mich nicht schuldig machen will.“

Ich freue mich, der Auffassung von Dr. Huizinga beistimmen zu können, daß der Prozeß der Menschwerdung ein kontinuierlicher Prozeß ist, innerhalb dessen man keine Zäsuren mehr machen kann und worin auch die Geburt nur eine im Grunde unwesentliche Unterbrechung ist. Das ist Punkt eins. Ich schließe mich auch noch an seine massive Aussage an, es mache für ihn keinen wesentlichen Unterschied, ob man vom Abbruch des Lebens vor der Geburt oder nach der Geburt spricht. Ich stimme ihm weiter auch darin zu, daß in diesem Bereich Unterschiede machen Heuchelei bedeutet. Aber im weiteren unterscheiden wir uns. Denn wenn wir behindertem mitmenschlichem Leben, sehr stark behindertem mitmenschlichem Leben begegnen, ist nicht dies die erste Frage: Darf ich das jetzt töten? Sondern für mich ist die erste Frage: Was bedeutet das eigentlich für mich, der ich damit konfrontiert werde? Und meiner Meinung nach wäre die erste Antwort, die wir als Mitmenschen zu geben haben, diese: Hier muß ich helfen; ich muß versuchen – auf welche Art auch immer – diesem behinderten, sehr behinderten Leben zu helfen. Dann gibt es eine ganze Reihe von Möglichkeiten, und eine davon ist das Töten. Ja nun, diese letzte Möglichkeit des aktiven Tötens, des Abbruchs eines Lebens, ist für mich als Ethiker etwas, das ich nicht verarbeiten und nicht vertreten kann. Denn es ist meinem Empfinden nach unmöglich, daß zugleich mit der Überzeugung, dieser Mitmensch könne nicht glücklich werden, auch das Recht gegeben ist zu sagen: Dann darf er also auch nicht weiterleben.

Dr. Huizinga ist auch im Studio. Was meinen Sie dazu?

Nun ja, ich bin mäßig erfreut, daß Herr Sporken bereit ist, mir immerhin ein Stück weit beizustimmen. Als ich seinerzeit dieses Beispiel, wo man keine Zäsuren setzen dürfe, gebrauchte, meinte ich damit, daß man, wenn man von Schwangerschaftsabbruch redet, nicht so reden dürfe, als habe man es mit irgendeiner Sorte Geranien zu tun und erst dann mit einem Menschen, wenn er geboren ist. Es geht hier doch um dasselbe. Und ich bin mir durchaus dessen bewußt, daß der Rat zum Schwangerschaftsabbruch, den wir in bestimmten Fällen geben, bedeuten kann, daß das Weiterleben eines Menschen unmöglich gemacht wird. Zwar geht es dabei um einen sehr kleinen Menschen, aber das hat hier überhaupt nichts zu besagen.
Ich verstehe nicht, warum Herr Sporken sich auf einmal von mir distanziert, wenn er auf das behinderte Leben zu sprechen kommt. Das gehört doch in dieselbe Zeiteinheit. Würde er wohl, falls es möglich ist, behindertes Leben vor der Geburt festzustellen, würde er da wohl mit mir in dem Rat zum Schwangerschaftsabbruch übereinstimmen – oder...?
Dr. Sporken:
Ich fürchte, daß ich Sie auch hier im Stich lassen muß. Wir sind konsequent im Blick auf die Aussagen der Anthropobiologie. Und das bedeutet für mich: Wenn ich das Töten von neugeborenem Leben ablehne, muß ich auch – mit demselben Argument – einen Schwangerschaftsabbruch ablehnen. –

(Gespräch mit Prof. Velema)
– Sie sind, Herr Professor, gegen aktive Euthanasie, das ist deutlich: also gegen das aktive Beenden des Lebens in der Situation des Sterbens. Darf ich Sie bitten, zu folgendem Brief Stellung zu nehmen, den ich kürzlich bekam?

„Ich habe die Sendungen am Fernseher verfolgt und wende mich an Sie in äußerster Not. Ich bin eine Frau von ca. 70 Jahren und bin schwer krebskrank. Die Schmerzen sind nicht auszuhalten, aber mein Hausarzt gibt mir schmerzbetäubende Mittel nur in spärlichen Dosierungen. Ich bin auch einige Male in Amersfoort im Krankenhaus gewesen, aber auch dort konnte der Spezialist nichts mehr für mich tun. Ist in den Niederlanden jemand zu finden, der bereit ist, mir einen sanften Tod zu geben? Es ist furchtbar, vielleicht noch Monate lang auf diese Art leben zu müssen. Ist nicht ein einziger barmherziger Arzt zu finden, der diese Tat der Barmherzigkeit und Menschlichkeit ausführen will? Ich flehe Sie an, alles zu versuchen."

Was meinen Sie dazu, Herr Professor?

Ich kann mir vorstellen, daß es Situationen gibt, in denen man das Ende herbeiwünscht. Ich kann sogar verstehen, daß in außergewöhnlichen Situationen um dieses Ende gebeten wird. Diesen Schritt jedoch, jemandem mit einer tödlichen Spritze ein Ende zu bereiten, könnte ich nicht tun. Ich meine, dazu sagen zu müssen: So mühevoll und schwer es auch ist – das empfinden wir ja bei diesem Brief; jeder, der das hört, wird unter diesem Eindruck stehen –: wir sollten Geduld aufbringen. Dr. Sporken betont, daß wir Geduld mit dem anderen haben müssen. Muß diese Geduld aufhören, wenn die Geduld des anderen zu Ende ist? Oder sind wir nicht alle miteinander dem Warten auf das unterworfen, was Gott über unser Lebensende bestimmt?

Aber ist es nicht so – das wird ja öfter gesagt –, daß das Ende des Lebens würdig bestanden werden muß? Ich kann mir vorstellen, daß das nicht möglich ist, wenn das Ende mit Niedergang und völligem Abbau verbunden ist.

Ich glaube, daß das würdige Bestehen des Endes und ein würdiges Lebensende als solches wirklich schwierige Dinge sind. Denn auch in einem früheren Stadium als dem, worin jemand um die tödliche Spritze bittet, ist nach meinem Dafürhalten so ein Abbau im Gange. Als Pfarrer habe ich das bei Patienten mehr als einmal mitgemacht. Die Unwürdigkeit des Lebensendes ist also nicht allein eine Angelegenheit der allerletzten Phase. Und darum ist für mich das unwürdige Lebensende kein Begriff und keine Norm, womit ich arbeiten könnte.

Was würden Sie nun dieser Frau sagen, der todkranken siebzigjährigen Briefschreiberin?

Wenn ich ihr Pfarrer wäre, würde ich versuchen, bei ihr zu sein und sie soviel wie möglich zu begleiten und ihr zu helfen bis zum Allerletzten. Und die Ärzte würde ich bitten, ihr mit allen Kräften zu helfen, auch so, daß ihr auf medizinischem Weg das Leiden erleichtert wird.

Sind Sie für passive Euthanasie?

Ich glaube, daß in bestimmten Fällen dafür Raum ist. Ich muß allerdings sagen, daß ich die Bezeichnung passive Euthanasie besonders unglücklich finde; denn Euthanasie ist meiner Auffassung nach dies: daß man den Zeitpunkt bestimmt sowie die Mittel, durch die das Leben beendet wird. Passive Euthanasie ist etwas anderes, nämlich das Aussetzen einer bestimmten Handlung. Ich würde Raum dafür in den Fällen sehen, wo das Weiterführen therapeutischer Behandlung Ausdruck eines medizinischen Fanatismus ist und wo man mit künstlichen Mitteln versucht, dem Leben ein, zwei oder drei Tage hinzuzufügen. Ich kann mir denken, daß man in solchen Situationen den Entschluß faßt, bestimmte Handlungen nicht zu tun.
Ich möchte noch einen Schritt weiter gehen: Gesetzt den

Fall, für einen hochgradig schwachsinnigen alten Menschen wird eine umfangreiche Nierenoperation oder gar eine Nierentransplantation notwendig – in solchen Fällen würde ich davon absehen.

Weichen Sie jetzt nicht ein bißchen von dem Standpunkt ab, den Sie früher eingenommen haben? Ich erinnere mich besonders an eine Denkschrift der gereformeerden Kirche zur Altenhilfe, an der Sie mitgewirkt haben, wo es heißt, daß medizinisches Nicht-Handeln grundsätzlich ebenso verwerflich ist.

Ich will voll akzeptieren, daß auch das medizinische Nicht-Handeln ein Stück Verantwortung mit sich bringt, und ich bin tatsächlich im Laufe der Entwicklung meines Denkens dahin gekommen, das Unterlassen einer Behandlung in außergewöhnlichen Situationen in den Entscheidungsspielraum einzubeziehen.

Herr Professor, was meinen Sie zu der folgenden Äußerung von Herrn Ekelmans aus der letzten Sendung: „Wenn das Leben ein Geschenk Gottes genannt wird, sehe ich das als eine Bildersprache an. Wenn ich diese schwachsinnigen alten Menschen im Film sehe, dann müßte ja auch dieses Leben ein Geschenk Gottes sein. Aber ich glaube, daß meine Verantwortung innerhalb dieser Gesellschaft es mit sich bringt, daß ich – ich sage ‚ich', meine aber die Gemeinschaft – hier ordnend eingreife und nicht angesichts dieses ‚Geschenkes Gottes' fünfe gerade sein lasse."

Das sind schwerwiegende Sätze. Ich möchte mich zu Anfang darin anschließen, daß wir Verantwortung tragen, und dieses Argument „fünfe gerade sein lassen" berührt mich in diesem Fall insofern überhaupt nicht, als ich ja meine Verantwortung erkannt habe. Aber dahinter steht eine viel schwierigere Frage, nämlich ob ich mir und anderen gegenüber das Recht habe, eine Gabe, die wir von Gott empfangen haben, zurückzugeben und Leben abzubrechen und zu sagen, das hat gereicht. Dabei entsteht sofort die Frage:

Welche Normen bestehen dafür? Ist die Vollwertigkeit des Lebens hier Norm, muß ich das zu einem bestimmten Zeitpunkt tun, indem ich sage: Das ist kein vollwertiges, kein sinnvolles Leben mehr, dieses Leben kann nicht glücklich sein? Die Beispiele in der Sendung, aus der die Äußerung von Herrn Ekelmans stammt, betreffen z.B. auch Softenon-Kinder, mit denen ganz deutlich eine Kommunikation möglich ist.
Verantwortung heißt immer, auf Situationen, aber auch auf Normen antworten. Und was ist die Norm...?
(Unter den Teilnehmern im Studio befindet sich Herr Ekelmans, er erhält Gelegenheit, sich zu äußern.)
Dr. Ekelmans:
Ich habe den Eindruck, daß Prof. Velema mit der Verantwortung für den Menschen auf halber Strecke Halt macht. Die Verantwortung für den Menschen umfaßt meines Erachtens das ganze Leben. Zu dieser Verantwortung bekennt sich Prof. Velema im Blick auf die Entstehung des Lebens. Prof. Velema wird sich auch zu der Verantwortung bekennen, die der Mensch zeit seines Lebens hat, um dieses Leben zu bewältigen – ich denke an medizinisches Eingreifen. Aber wenn es um das Zurückgeben des Lebens geht, scheint es mir, daß Prof. Velema zu Unrecht Halt macht. Ich glaube, daß auch das Sterben zu der Verantwortung des Menschen gehört. Der wesentliche Unterschied besteht darin, daß Prof. Velema das, was ich als Bildersprache sehe, als Realität sieht. Ich will gern das Leben als ein Geschenk Gottes ansehen, aber als Bildersprache – dann kann man vom Zurückgeben des Lebens auch nicht anders reden als in der Bildersprache.
Prof. Velema:
Ich glaube, das ist nicht ganz richtig. Wenn man zu einem bestimmten Zeitpunkt sagt: Im Blick auf das Ende und im Blick auf das Beschleunigen des Endes müssen wir uns zurückhalten, dann empfinde ich dies als ein Annehmen der Verantwortung und als klare Erfüllung der Verantwortung. Das Problem liegt also nicht darin, ob die Verantwortung wahrgenommen wird oder nicht, sondern es liegt zutiefst

darin, wie ich das Leben ansehe, und ob ich das Recht habe, daran zu rühren, wenn das Ende naht, oder nicht. Und auf diese Frage gebe ich eine andere Antwort als Dr. Ekelmans.
Ich möchte es so sagen: Wir dürfen uns nicht das Recht herausnehmen, zu einem bestimmten Zeitpunkt hinter unser Leben oder das Leben anderer sehr deutlich einen Punkt zu machen. Wenn ich diesen Standpunkt vertrete, habe ich durchaus das Gefühl, daß ich ein Stück Verantwortung auf mich nehme. Denn Sie werden mir abnehmen, daß es nicht einfach ist, auf den Brief, der mir vorhin vorgelesen wurde, so zu antworten, wie ich es getan habe. Wenn man sich nach Gefühlen richtet, wird wahrscheinlich eine ganz andere Antwort herauskommen. Was ich gesagt habe, habe ich gerade aus Verantwortungsbewußtsein heraus gesagt – allerdings ist diese Verantwortung anders gefüllt.
Dr. Ekelmans:
Wenn wir Menschen einer Grenzsituation des Lebens und des Todes gegenüberstehen, dann tragen wir nicht nur Verantwortung für unser Tun, auch nicht nur für unser Lassen, sondern dann tragen wir eine Gesamtverantwortung. Wir können beim Sterben nicht einen (eingeengten) Bereich gelten lassen, das Lassen oder das Tun, und das andere nicht gelten lassen. Ich glaube, das kommt auch in der Entwicklung des Denkens von Prof. Velema zum Ausdruck, wovon wir eben gehört haben. Prof. Velema hat passive Euthanasie teilweise bejaht und damit die schiefe Ebene betreten, die ich nicht als schief ansehe, sondern als die Ebene, die uns als mündigen Menschen in unsere Verantwortung gegeben ist.
Prof. Velema:
Das Bejahen eines Teils der passiven Euthanasie, so wie wir darüber gesprochen haben, bedeutet, daß man einen Prozeß, der in Gang gekommen ist, ablaufen läßt. Und das ist für mich etwas total anderes als wenn man in aktiver Euthanasie dem Leben einen Punkt setzt. Deshalb bin ich mit dem Namen passive Euthanasie auch gar nicht glücklich.
(Gespräch mit Prof. Roscam Abbing)
Es ist also deutlich, Herr Professor, daß Sie aktive Euthana-

sie nicht ablehnen. Aber stellen Sie sich eine Situation vor, in der der Patient nicht mehr imstande ist, um aktive Euthanasie zu bitten: Dürfen dann die Umstehenden den Beschluß fassen – den Beschluß über aktive Euthanasie?

Das kann geschehen. Das ist sogar unvermeidlich. Denn wenn jemand nicht mehr selbst dem Wunsch Ausdruck geben kann, dann sind es die Umstehenden, die so oder so den Beschluß fassen müssen. Sie sind – wie auch immer – verantwortlich. Das bringt die Situation nun einmal mit sich. Ich würde – wie Sie auch – zuallererst von dem ausgehen wollen, der mündig seinem Wunsch Ausdruck geben kann. Aber ganz kleine Kinder oder Schwachsinnige oder Patienten, die bereits im Koma liegen und bei denen man nicht mehr erwarten kann, daß sie noch einmal das Bewußtsein erlangen – das sind drei Gruppen, für die möglicherweise die Umstehenden die Verantwortung wahrnehmen müssen, sogar die Verantwortung für das Leben der Betreffenden.

Das ist dann eigentlich unfreiwillige Euthanasie?

Ich möchte es unaufgeforderte Euthanasie nennen. Die möchte ich scharf unterscheiden von ungewollter Euthanasie, die sich gegen den bewußten Willen des Betroffenen richtet. Das ist eine gräßliche Möglichkeit, die wir nicht weiter in Betracht ziehen sollten.

Ich zitiere aus einem Artikel, den Sie in der Monatszeitschrift „Kerk en Theologie" vom Juli 1971 geschrieben haben: „Ich meine, daß wir befugt sind, einem Kind, das z.B. vollkommen idiotisch geboren wird und auch idiotisch bleiben würde, gleich am Anfang das Leben zu nehmen." Können Sie diesen Satz verdeutlichen?

Das ist in der Tat der heikelste Satz des ganzen Artikels, aber ich stehe noch zu ihm. Denn hier müssen wir uns die Dinge sehr sorgfältig anschauen. Wir fragen als Christen nach dem Willen Gottes, doch die meisten lassen den Willen Gottes aus der tatsächlichen Situation aufstrahlen. Die tun

so, als ob die Tatsache, daß das Kind lebt, impliziert, das Leben dieses Kindes sei auch Gottes Wille. Auf diese Weise machen wir die Natur oder die Geschichte zur Quelle der Erkenntnis für den Willen Gottes, und das, scheint mir, paßt eher in die mohammedanische Gedankenwelt.
In der Bibel steht die Verkündigung des Reiches Gottes im Mittelpunkt, dies ist der Raum, wo Gottes Regierung mit unserem Gehorsam und auch mit der Natur zusammenfällt. Aber dieses Reich Gottes ist nun eben trotz unserer Predigt noch nicht voll geoffenbart und noch nicht voll realisiert, und darum haben wir zu tun mit der Bruchstückhaftigkeit und Launenhaftigkeit der undurchsichtigen Handlungen der Menschen und mit Ereignissen in der Natur, die wir nicht geradeswegs auf Gottes Willen zurückführen dürfen. Wenn also solch ein hochgradig behindertes Kind geboren wird, wage ich nicht zu sagen: Es ist Gottes Wille, daß es dieses Kind gibt.

Aber es gibt Leute, die sagen: Wo liegt dann die Grenze? Sie sprechen von hochgradig Behinderten, aber es gibt natürlich auch Fälle geringerer Behinderung. Wer legt die Grenze fest?

Das ist eine wirklich schwierige Frage, und es ist auch eine Frage, die man nicht als einzelner beantworten kann. Ich persönlich würde die Grenzen, die der Staat setzen muß, von den Grenzen unterscheiden, die für Christen gelten. Der Staat muß wachsam sein gegenüber asozialem Gedankengut, er muß für geistige Volksgesundheit sorgen und muß die Schwachen beschirmen. Christen jedoch haben z.T. strengere Normen. Wo die Grenze liegt, kann ich so im allgemeinen nicht sagen.

Haben Sie sich schon einmal die Frage gestellt, was Gottes Absicht mit solch hochgradig gestörtem Leben sein könnte?

Ja. Wenn ich annehmen muß, daß Gott damit eine Absicht hat, dann könnte das darauf hinauslaufen, daß so ein Kind ein Appell an unsere Fürsorge und Liebe ist und daß vielleicht hier durch Gott ein Zeichen aufgerichtet wird, ein Zeichen für die Bruchstückhaftigkeit dieses Lebens. Aber

nun tue ich so, als ob ich Gottes Absicht enträtseln könnte. Andere unterstellen zwar auch eine Absicht Gottes, sagen aber, daß wir sie nicht ergründen können.
Ich persönlich bin geneigt zu sagen: Man kann in diesem speziellen Fall nicht so massiv von einer Absicht Gottes reden. Denn damit mache ich doch wieder Gott zu dem, der das gewollt hat. Man kann höchstens sagen: Gott hat das zugelassen, aber dann nicht nur in diesem einen besonderen Fall, sondern in der gesamten Situation unseres Lebens, das voll von Leid und auch von Sünde ist, die dann zugelassen werden.

Darf ich Ihnen jetzt folgende Äußerung vorlegen; sie stammt von Frau Den Drijver, Internistin aus Bolsward, die in einer früheren Sendung interviewt wurde. Sie sagte:

„Die medizinische Wissenschaft braucht nicht das letzte Wort zu haben. Bestimmt nicht. Es ist die Religion, die das letzte Wort hat. Gott hat das letzte Wort. Und darf ich dann noch dies sagen: Die Motive für aktive Euthanasie sind im Augenblick: Wir haben Mitleid, wir tun es aus Barmherzigkeit. Nach kurzer Zeit wird es heißen: Wir haben keine Pflegekräfte mehr. Und wieder wenig später: Wir haben kein Geld. Das geht ins Uferlose. Das wird schließlich dahin führen, daß man jemandem gegen seinen Willen das Leben nimmt."
Prof. Roscam Abbing:
Ich habe an sich den größten Respekt vor einer ehrlichen Meinung wie dieser, aber das schließt auch ein, daß man eine Meinung manchmal nicht teilen kann, gerade wenn man sie ernst nimmt. Zwar befinde ich mich bis jetzt mit den beiden Herren auf der Tribüne (Dr. Huizinga und Dr. Ekelmans) in voller Übereinstimmung, dies kann ich aber nicht ganz im Blick auf Frau Den Drijver sagen. Ich bin durchaus mit ihr eins, wenn sie davor warnt, in eine Argumentation abzugleiten, die nur relative Werte nennt. Und ich finde gerade das sehr fein, daß sie zum Grundsätzlichen vorstoßen will, indem sie sagt: Nicht wir, auch nicht die Ärzte, sondern

Gott hat das letzte Wort, und damit meint sie: Er allein kann das Leben schenken, aber auch nur er kann es zurücknehmen, und das ist der entscheidende Punkt. Das möchte ich nämlich prinzipiell bestreiten; denn hier höre ich wieder diese verbreitete Ansicht heraus, daß wir Gottes Handeln an unseren eigenen menschlichen Worten und Taten ablesen können. Wir stellen doch fest, daß die Mediziner immer tüchtiger werden. Das besagt also, daß Gott unserer Könnerschaft folgt und das Leben darum auch viel später zurücknimmt, wenn wir es um eine Anzahl von Jahren verlängern können. Wir tun ja soviel aus unserer Verantwortung heraus, Gutes oder Schlechtes. Wenn wir jemanden ermorden, dann ist das ein Verbrechen, aber das besagt doch nicht, daß Gott das Leben des Ermordeten zurückgenommen hat, daß dies seine Absicht ist. Wir dürfen glauben, daß Er es annehmen will, aber wir haben es verbrochen. Darum meine ich, daß es sehr wohl unsere Verantwortung ist, wie wir mit dem Leben, und auch, wie wir mit dem Tod umgehen.

(Frau Den Drijver antwortet von der Tribüne:)
Ich möchte gern sagen: All unser medizinisches und pflegerisches Handeln muß jederzeit darauf ausgerichtet sein, daß es wirklich dem Patienten dient. Wir müssen ihn also in seinem gesamten Kontext sehen, mit seinen sozialen, psychischen und leiblichen Aspekten. Prof. Roscam Abbing hat kein Bedenken dagegen, daß ein Kind, das vollkommen idiotisch ist, nicht weiterleben soll. Aber gerade die Menschen, die vollkommen idiotisch und vollkommen schwachsinnig sind, sind sich ihres Zustandes nicht bewußt. Eigentlich sollten also gerade die Menschen, die in geringerem Maße gestört sind, für Euthanasie in Betracht kommen. Und dann wird es furchtbar schwierig, Normen festzulegen.

Prof. Roscam Abbing:
Sie sagen aus Ihrer medizinischen Verantwortung heraus: Wir wollen einzig und allein dem Patienten dienen. Mit Recht; aber wer sagt, was die Bedürfnisse des Patienten sind? Darf der Patient das vielleicht selbst sagen? Denn

er ist doch die erste Instanz. Und wenn nun ein mündiger Patient, der bei vollem Bewußtsein ist, sagt: Ich möchte gehen – dann glaube ich zuerst, daß der Staat dies billigen muß. Das wäre also die begrenzte Freiheit des Bürgers. Ein Christ darf dann auch selbst beschließen, allerdings wird sein Kriterium die Frage sein: Erwartet Gott von mir, daß ich dem Leben treu bleibe oder erlaubt er mir, das Leben loszulassen?

Aber was meinen Sie dann zu der Bemerkung von Frau Den Drijver, daß gerade hochgradig idiotische Kinder und hochgradig schwachsinnige alte Menschen sich ihres Zustandes nicht bewußt sind?

Ein spezielles Problem ist in der Tat durch die gegeben, die nicht wählen können, an erster Stelle der vollkommen Unmündige, das kleine Kind. Ich persönlich kann die Geburt auch nicht als eine absolute Zäsur ansehen. Im großen und ganzen vertrete ich in der Problematik des Schwangerschaftsabbruchs einen konservativen Standpunkt, ich bin aber der Meinung, daß das erste Aufgeben der Treue zum Leben gerade im Interesse der Leibesfrucht liegt und nicht so sehr im Interesse der Mutter. Und wenn feststeht, daß es eigentlich ein Irrtum der Natur ist – ich wage das zu sagen, weil ich dies nicht auf eine Tat Gottes, sondern auf einen Irrtum der Natur zurückführe –, dann meine ich, daß man möglichst frühzeitig diesen Irrtum ungeschehen machen könnte.

Auch wenn das nach der Geburt wäre?

Im äußersten Fall sogar nach der Geburt. Dies scheint mir entscheidend zu sein; denn wenn man ein Kind annimmt, dann muß man es wirklich voll annehmen und durch dick und dünn ihm treu bleiben. –

Während der weiteren Diskussion, an der auch die anwesenden Laien teilnehmen, sagt Prof. Roscam Abbing u.a.:
– Wenn es (ein hochgradig behindertes Kind) nicht angenommen wird, betrifft das in erster Linie die Eltern, aber dann

doch auch die ganze Gemeinschaft. Das gilt übrigens für alle Probleme, die mit Euthanasie zusammenhängen und die hier behandelt werden. Wenn wir festgestellt haben, daß ein mündiger Bürger um Euthanasie bitten darf, dann ist hierbei Beaufsichtigung und Zustimmung durch den Staat nötig, um allem Mißbrauch vorzubeugen. Kommissionen ähnlich den schon jetzt bestehenden Abortus-Kommissionen – also Euthanasie-Kommissionen müssen eingesetzt werden, die in bestimmten Fällen zu folgern haben: Hier ergeben sich keine schädlichen Effekte, hier wird niemand betrogen, der Betreffende ist nicht unzurechnungsfähig usw. usf. –

Später ergreift Dr. Sporken die Gelegenheit, um sich in der Diskussion vom Standpunkt seines hervormden Kollegen deutlich zu distanzieren:

– Der Himmel bewahre uns davor, daß nun Sie oder ich dem Urteil einer Kommission ausgeliefert werden! Ich wünsche Ihnen und mir, daß wir zu einem Bruder oder einer Schwester kommen, die tolerant und geduldig sind und Liebe fühlen. Lieber das als eine Kommission... –

Auf eine Frage aus dem Publikum, woher Professor Velema so genau wisse, daß Gott gegen aktive Euthanasie bei einem unheilbar Kranken ist, der geistig und körperlich sehr leidet, antwortet der gereformeerde Hochschullehrer:

– Wenn Sie mich fragen: In welchem Kapitel und Vers steht das in der Bibel, dann kann ich das so nicht angeben. Aber das ist meist so mit Fragen, die mehr ethischen Charakter haben. Die Fragen, die wir haben, finden wir nicht immer präzise und wörtlich in der Bibel wieder. Wir müssen also die Antwort aus einer Reihe fundamentaler Aussagen erheben. Und was aktive Euthanasie betrifft, liegen diese Aussagen meines Erachtens in der Tatsache, daß das Leben eine Gabe Gottes ist. Deshalb dürfen wir es nicht aktiv beenden. –

Die meisten Fragen aus dem Publikum sind für Prof. Roscam Abbing bestimmt, so auch die jetzt folgende, gestellt von Dr. Pieterse, Kinderarzt aus Rotterdam, der in einer früheren Sendung ausführlich interviewt wurde:

– Eine Frage zum traurigen Problem des neugeborenen Kindes, das so hilflos ist und so wenig Chancen für die Zukunft hat, daß man aus tiefstem Herzensgrund wünschen möchte, es könnte sogleich sterben. Wenn Prof. Roscam Abbing dann sagt: Ich meine, daß das geschehen muß, dann stelle ich mir die Frage, wem er denn den Auftrag geben will, dieses Urteil – wenn ich so sagen darf – auszuführen. Der Arzt, der diesem Kind gegenübersteht, wird dies aus Gründen seines beruflichen Auftrags nicht ohne weiteres tun. Er wird ja gerade alles versuchen, um die Situation für dieses Kind so erträglich wie möglich zu machen.

Prof. Roscam Abbing:

Wenn die Mentalität jemals so sein wird, daß der Staat einwilligt, dann werden ohne Zweifel viele Ärzte mitarbeiten, die hinter dieser Entscheidung des Staates stehen. Sollte das trotz der staatlichen Erlaubnis nicht der Fall sein, dann müßten, scheint mir, die Eltern dies angehen. Das stimmt völlig mit dem überein, was in einer früheren Sendung jemand gesagt hat, der vor einer solchen Situation stand – nicht im Blick auf ein Kind, sondern im Blick auf ihre eigenen Eltern: Nur in Liebe kann man die volle Verantwortung für diese Entscheidung tragen. Auf dieser Linie müßte man sagen: Die Eltern sind es zuerst, die aus Liebe handeln können und nicht ein Arzt, der niemals eine solche Bindung an das Kind hat, daß er auch diese Verantwortung auf sich nehmen könnte. –

Auf der Tribüne hat schon seit einiger Zeit eine Frau durch Kopfbewegungen zu erkennen gegeben, daß sie etwas sagen will. Der Diskussionsleiter erkennt sie wieder als die, deren Brief in einer früheren Sendung so tiefen Eindruck gemacht hat. Besonders im Anschluß an die letzte Antwort von Prof. Roscam Abbing scheint es passend, sie zu Wort kommen zu lassen.

– Ich habe viele Meinungen gehört, auch entgegengesetzte Meinungen. All diesen Meinungen liegt eine Moral zugrunde. Ich möchte an Sie alle eine Frage richten. Können Sie sich vorstellen, daß ein Mensch seine Moral auf einmal vollkom-

men verändern läßt durch die Situation, in der er ist? Daß er auf einmal etwas tut, wovon er sagt: Ich habe mir nie gedacht, daß ich das tun könnte? Aber die Situation hat es zuwege gebracht, daß er allein weiß – mit seinem Herzen und auch mit seinem Verstand sehr gut weiß –, was er in diesem Augenblick tun muß. Und wenn das so ist, glauben Sie dann nicht, daß wir uns mit all unseren entgegengesetzten Meinungen sehr tolerant gegenüberstehen sollten? Diese Frage möchte ich eigentlich an Sie alle richten. Danke. –
Obwohl außer dem Diskussionsleiter niemand im Studio weiß, von welcher Vorgeschichte her und aus welchen Erfahrungen heraus diese Worte gesprochen worden sind, wurde der Frau mit zunehmender Aufmerksamkeit und wachsender Spannung zugehört. Vor allem der Diskussionsleiter stand unter diesem Eindruck. Nach einigen Augenblicken sagt er:

Ich finde, das ist eine Frage, die still macht...

Sich umblickend entdeckt er den Arzt, mit dem die Serie „Ein milder Tod" begann. Es ist der Arzt, der von einer Situation berichtete, in der er dem unheilbar kranken und leidenden Leben eines seiner Patienten durch aktive Euthanasie ein Ende machte. Er ergänzt die Worte der Frau:
– Manchmal werden Entscheidungen gefällt – und das gilt besonders für die ärztliche Praxis –, die mit unseren eigenen ethischen Normen nicht übereinstimmen. Ich glaube, daß wir dafür Verständnis aufbringen müssen, und ich glaube auch ganz fest daran, daß wir eine solche Entscheidung zu respektieren vermögen – auch wenn wir eigentlich und im Prinzip ganz anders darüber denken. –
Mit diesen Worten wurde die vierte und letzte Sendung der Serie „Ein milder Tod" abgeschlossen.

— was sie meinen

Es hat wenig Sinn, hier noch einmal ausführlich alle Argumente zu wiederholen, zu bestreiten oder zu verteidigen, die in der Diskussion um den Unterschied zwischen aktiver und passiver Euthanasie vorgebracht worden sind. Die einen (vor allem die Mediziner) sehen hierin einen ganz wesentlichen Unterschied, während die anderen (vor allem die Nicht-Mediziner) hier gerade keinen grundsätzlichen, sondern höchstens einen psychologischen Unterschied sehen können. Es ist übrigens die Frage, ob der Laie diesen Unterschied überhaupt so bedeutsam findet. Jedenfalls geht das nicht aus einer Untersuchung der Abteilung Forschung und Meinungsbefragung der Fernsehgesellschaft hervor, die das Ziel hatte, den Wissensstand und die Ansichten der Niederländer über Euthanasie zu erheben.

Die Untersuchung wurde im März 1972 auf Grund der ersten drei Programme der Serie „Ein milder Tod" durchgeführt. Alle befragten Personen (480) bekamen folgende Standarddefinition vorgelegt:

Euthanasie ist: jemanden sterben lassen, der schwer und unheilbar krank ist.

Das ist eine sehr grobe Formulierung, besonders wenn man die Definition von Frau Dr. van Till danebenhält:

Euthanasie ist ein Leben verkürzendes, absichtliches, medizinisches Handeln, um einem unheilbar kranken Patienten, der unerträglich leidet, einen guten, sanften Tod zu ermöglichen (Studium Generale, Delft 1971).

Der Soziologe der Fernsehgesellschaft, Dr. Wentholt, fand es im Interesse seiner Untersuchung besser, den Befragten den Begriff Euthanasie möglichst offen zu präsentieren.

In dem Maß, in dem die Untersucher mit ihren Fragenlisten vorwärtskamen, klärte sich das Bild, so daß sich schließlich

die Definition von Frau van Till in den Endergebnissen der Untersuchung wiederfand.
Von zehn Menschen in den Niederlanden lehnen sieben bis acht Euthanasie nicht ab, während die übrigen zwei bis drei dies tun. Von der Gruppe, die nicht dagegen ist, sprechen sich 70 Prozent deutlich für aktive Euthanasie aus: absichtliche und aktive Beendigung des Lebens eines todkranken Patienten durch „dazu von außen herbeigeführte, für den Patienten ‚fremde' und also unnatürliche Todesursache, z.B. Tabletten oder Injektion" (Frau van Till).
Wentholt folgert daraus: Das Kriterium aktiv – passiv ist eher in den Äußerungen der Mediziner, Theologen und Juristen beheimatet, d.h. es eignet sich mehr als ergiebiger Diskussionsstoff auf Kongressen und in Publikationen als für die Öffentlichkeit.
Im Resultat der Untersuchung ist der Einfluß, den die Glaubensüberzeugung in der Entscheidung des Einzelnen für oder gegen Euthanasie bewirkt hat, abzulesen – wenn auch in geringerem Maß als man hätte erwarten können. Von den befragten Gereformeerden lehnen 37 Prozent Euthanasie unbedingt ab, von den Katholiken 32 Prozent und von den Hervormden 25 Prozent.
Einige andere Ergebnisse aus Wentholts Untersuchung sind: Bestimmend für die Haltung zur Euthanasie ist die Situation, in der sich der Patient befindet, also „ob ein bestimmter Patient aufgegeben ist", „ob man es für sinnlos hält, das Leben oder Leiden eines Patienten zu verlängern". Die Situation eines Patienten, der infolge einer unheilbaren Krankheit (körperlich) unerträgliche Schmerzen hat, steigert die Befürwortung von Euthanasie zur höchsten Quote (62 Prozent unbedingt, 20 Prozent unter bestimmten Bedingungen). Schwachsinn infolge hohen Alters gilt viel weniger als legitimer Grund, durch Euthanasie einzugreifen: 31 Prozent unbedingt dafür, 35 Prozent unbedingt dagegen, 24 Prozent dafür, aber unter bestimmten Bedingungen, die den Unterschied zwischen aktivem und passivem Eingreifen betreffen.

Euthanasie im Fall sehr schwerer körperlicher oder geistiger Anomalien bei Neugeborenen befürworten 50 Prozent, 24 Prozent auf keinen Fall. All diese Zahlen gelten für die Niederländer (70 bis 80 Prozent der Gesamtbevölkerung), die Euthanasie nicht von vornherein verwerflich finden. Bei der Beurteilung all dieser Fälle führt nach Wentholt der Umstand, daß jemand Situationen erlebt hat, in denen Euthanasie ausgeübt oder zumindest erwogen wurde, zu einer größeren Quote der Befürwortung von Euthanasie, außer im Fall des Altersschwachsinns, wo sich der umgekehrte Effekt ergibt.

Vor allem die letzte Feststellung des Soziologen ist interessant: Die tiefgreifende Wirkung von Erfahrungen (dadurch, daß man mit Euthanasie oder mit Überlegungen dazu konfrontiert wird) drückt sich auch im Abweichen von normativen Definitionen aus, die normalerweise das Verhalten im Blick auf Euthanasie bestimmen, sowie darin, daß affektiv geladene Beurteilungskriterien maximal geltend gemacht werden. Ich hatte diese in wissenschaftlicher Sprache formulierte Folgerung im Auge, als ich im ersten Kapitel dieses Buches schrieb: Wenn die Bindung und Verbundenheit stärker empfunden wird, scheint die Befürwortung von Euthanasie leichter zu sein.

Mit den jetzt folgenden „trockenen" Zahlen können Interesse und Bewertung für die Serie „Ein milder Tod" zum Ausdruck gebracht werden. Im allgemeinen ist es so, daß die „Zuschauerdichte" bei anspruchsvollen Dokumentarprogrammen, die in den Abendstunden gesendet werden, ca. 13 Prozent beträgt. Die Euthanasie-Programme, die sicherlich zu dieser Kategorie gerechnet werden dürfen, hatten eine durchschnittliche Zuschauerdichte von 20 Prozent, das bedeutet beinahe zwei Millionen Zuschauer. Auch die Bewertung lag für diese Serie (75 Punkte) bedeutend höher als die durchschnittliche Bewertung von Programmen in derselben Kategorie (70 Punkte). Dabei war auffallend, daß die Jüngeren den Programmen der Serie „Ein milder Tod" viel mehr Punkte gaben (74), als sie es sonst bei anspruchsvollen dokumentarischen Sendungen tun (68). Weiter wurde als charakteristisch für die ganze Serie festgestellt, daß innerhalb der gesamten Zuschauerzahl dieser Serie alle Bildungsschichten gleichmäßig vertreten waren.

Dem Thema dieses Buches entspräche es nicht, wenn wir mit der vorstehenden sachlichen und statistischen Information abschließen wollten. Allein die Worte derer, die hier unmittelbar betroffen sind, können dies Buch ausklingen lassen.
An den beiden Seiten der Linie, die die Euthanasieproblematik markiert, stehen auf der einen Seite die, die zu einem bestimmten Zeitpunkt zur Ausführung gerufen werden, und auf der anderen Seite die, die sich der Euthanasie unterziehen wollen oder ihr unterzogen werden. Aus beiden Gruppen wählte ich je einen Brief, in dem all die Gedanken enthalten sind, die sich durch das ganze Buch hindurchziehen. Der erste ist von einem Arzt aus Het Dorp[1], der zweite von einem schwer Behinderten:
„So merkwürdig es auch klingt, aber ich muß sagen, daß ich Ihre Sendungen über ‚Einen milden Tod' genossen habe. Sie haben damit vielen eine Fülle von Informationen gegeben, rationale und emotionale Informationen, die zum Denken anleiten. Ich will versuchen, mich in meiner Reaktion auf diese Sendungen kurz zu fassen.
1. Als Hausarzt von Het Dorp, täglich mit schwer körperlich Behinderten sowie mit den Leiden und der damit zusammenhängenden Problematik konfrontiert, werde ich den Tag verfluchen, an dem zugelassen wird: das freiwillige Beenden von Leben, das
a) nicht mehr zu ertragen ist,
b) in absehbarer Zeit zu Ende geht,
c) nicht oder nicht mehr bewußt-menschlich ist.

1 „Das Dorf": behindertengerecht angelegte moderne Wohnsiedlung in Arnheim. Mit diesem Modell ist das Bestreben verbunden, die Siedlung in die Stadt zu integrieren.

Diese Grenzüberschreitung scheint mir den Weg zu Mord oder Selbstmord zu öffnen. Denn wer bestimmt:

a) welches Leben und Leiden nicht mehr zu ertragen ist,
b) binnen welcher Zeit das Leben zu Ende geht,
c) welches Leben bewußt menschlich oder nicht bewußt menschlich ist?

2. Meine drei Kollegen (gemeint sind: Dr. Verkuyl, Dr. Leering und Dr. Huizinga – H.M.), die selbst nicht zu Maßnahmen übergehen wollen, welche das Leben beenden, erwarten einhellig in ca. zehn Jahren eine Bewußtseinsveränderung im Blick auf Euthanasie. Warum diese Erwartung? Ihre Äußerungen und Verkündigungen über das Fernsehen lassen diese Erwartung von selbst Wirklichkeit werden. Warum stellt man nicht fest: Wir haben jetzt Bedenken aus ethischen, medizinischen und anthropobiologischen Gründen. Bloß die Tatsache, daß sich so viel ändert (und das glücklicherweise mit Recht) ist noch kein Argument dafür, daß auch wir unsere Auffassung über Euthanasie ändern bzw. ändern müssen. Wenn man von dieser Änderung so überzeugt ist, dann kennt man jetzt auch alle Argumente dafür. Warum ist man dann nicht so realistisch, diese Argumente nun auch gelten zu lassen und also zur Euthanasie überzugehen!

3. Euthanasie ist auf Grund des jetzt geltenden Strafrechts verboten. Ich glaube, daß wir damit voll rechnen und also öffentlich feststellen müssen: Euthanasie (genauso wie Schwangerschaftsabbruch) ist immer falsch. Das will nicht sagen, daß man nicht in einem ganz speziellen, außergewöhnlichen Fall bewußt falsch handeln könnte – selbstverständlich mit der Bereitschaft, alle möglichen Folgen zu tragen."

„Vor 16 Jahren bekam ich eine Lähmung und wurde gegen meinen Willen an ein Beatmungsgerät angeschlossen. Allerdings muß ich dabei erwähnen, daß meine Familie die Zustimmung gab. Sie mußte zwischen Tod und Leben wählen und dies mit dem Messer an der Kehle; man kann ihnen also nicht übel nehmen, daß sie mich am Leben ließen.

Ich war der passive Faktor; wegen meines hohen Fiebers war ich nicht imstande, einen Beschluß zu fassen.
Nun ist es eben so, obwohl ich später gebeten und gefleht habe, das Gerät auszuschalten. Ich habe auch versucht, es selbst zu tun. Aber ich mußte und sollte leben, und darin haben sie also Erfolg gehabt.
Nach ein paar Jahren kam ich nach Hause, ein ‚Ausgestoßener' (outcast). Deinen Beruf kannst du nicht mehr ausüben; deine Freunde haben sich verheiratet; deine Brüder und Schwestern sind dabei, es zu tun; deine Eltern sterben; deine Entspannung besteht im Sammeln von allem möglichen Zeug, das du nach ein paar Jahren wieder wegschmeißt usw. usf.
Aber du lebst!
29 Jahre alt oder jung. Den Leidensweg von einem Krankenhaus ins andere will ich Ihnen ersparen. Ich will Ihnen mit meiner Quengelei nicht zur Last fallen, warum sollte ich, ich will nur sehen lassen, was von diesem Leben übrigbleibt. Wenn man ein gutes Leben haben will, muß man bestimmte Voraussetzungen erfüllen, dann erst kann man selbst daran mitwirken. Ich hatte das Leben auf eine Art und Weise genossen, wie es keiner besser könnte. Dafür hatte ich keine Weltreisen nötig, sondern nur die kleinen alltäglichen Dinge, vor allem: laufen können. Das war für mich wichtig. Wenn Sie so ein Softenon-Kind zeigen, fröhlich und lebenslustig, dann ist es für dieses Kind herrlich, daß es lebt. Ich könnte eine ganze Menge Leute aufzählen, die unzufrieden sind, weil sie das nicht können, was andere können. Aber es ist schon so, wie Prof. van den Berg schreibt: Wir können dies bis zu einem gewissen Grad trainieren, daß wir uns in unser Schicksal ergeben, so daß die Umwelt sagt: Sie sind doch noch glücklich.
Vielleicht gibt es Behinderte, die mit einem Tag im Bijenkorf[1] oder einer Woche auf der Henri Dunant[2] zufrieden

1 Name einer Warenhauskette, die in verschiedenen niederländischen Städten Kaufhäuser betreibt.

2 Schiff des Roten Kreuzes speziell für Behinderte (Ausflüge, Urlaub). Es unternimmt vor allem Fahrten auf dem Rhein. Zu vergleichen mit dem von Österreich ausgehenden „Sonnenzug" für Behinderte.

sind, allerdings stellen sie dann sehr geringe Ansprüche. Für diese Menschen ist das Leben viel wert, und darum wird es immer Behinderte geben. Es ist ihr gutes Recht, weiterhin zu leben.

Was mich betrifft, so muß ich bekennen, daß es für jeden besser gewesen wäre, wenn man mich hätte sterben lassen. Das wäre ohne weiteres möglich gewesen, einfach dadurch, daß man etwas unterlassen hätte. Aber solange es kein Gesetz gibt, das den betreffenden Arzt schützt, wird es nicht geschehen."